D1726289

THEODOR KRAMER GESELLSCHAFT

MARIE FRISCHAUF

DER GRAUE MANN

ROMAN

UND GEDICHTE FÜR
ARNOLD SCHÖNBERG

HERAUSGEGEBEN UND MIT EINEM
NACHWORT VON MARCUS G. PATKA

Gedruckt mit Unterstützung des Bundesministeriums für Bildung, Wissenschaft und Kultur, der Stadt Wien – Kultur, der Kunstsektion des Bundeskanzleramtes

Die Deutsche Bibliothek – CIP-Einheitsaufnahme

Marie Frischauf:
Der graue Mann: Roman und Gedichte für Arnold Schönberg; Hrsg. und mit einem Nachwort von Marcus G. Patka. Wien: Theodor Kramer Gesellschaft 2000.
ISBN 3-901602-13-5

© 2000 Theodor Kramer Gesellschaft
A-1020 Wien, Engerthstraße 204/14
Tel. (++43/+1) 729 80 12, Fax 729 75 04

Umschlaggestaltung: www.furian.at
unter Verwendung folgender Werke

Flakturm in Wien Mariahilf, 1945 (Umschlagseite 1)
© Bildarchiv der Österreichischen Nationalbibliothek

Arnold Schönberg, „Porträt Maria Pappenheim, 1910"
© VBK, Wien, 2000 (Umschlagseite 4)
© Foto: Karin Breidel (Umschlagseite 4)

Druck: Manz Crossmedia GmbH & Co KG, Wien

Inhalt

GEDICHTE AUS DER EXILZEIT

NACHWORT VON MARCUS G. PATKA

Editorische Notiz

Marie Frischauf hat im Jahr 1949 im Wiener Globus Verlag einen Roman unter dem Titel *Der graue Mann* veröffentlicht. Dieser ist mit dem hier vorliegenden Buch nicht identisch. *Der graue Mann* (Teil 1) wurde zwischen 1941 und 1946 im Exil in Mexiko verfaßt, die Handlung ist im Wien der dreißiger Jahre angesiedelt. In den Jahren nach ihrer Rückkehr aus dem Exil verfaßte Marie Frischauf den hier vorliegenden Teil 2, der im Wien der unmittelbaren Nachkriegszeit spielt. Der Text war bislang nur als Typoskript im Dokumentationsarchiv des österreichischen Widerstandes verfügbar (DÖW, Sig. 10642 Exil) und wurde vom Herausgeber in Nuancen sprachlich redigiert. Im Typoskript haben 12 von 14 Kapitel Titel, die in die vorliegende Druckfassung nicht übernommen wurden, da sie eher den Charakter von nicht in eine endgültige Form gebrachten Arbeitstiteln haben. Auch kann nicht ausgeschlossen werden, daß es sich beim Typoskript um ein Fragment handelt.

Im Nachlaß von Arnold Schönberg fand sich ein handgeschriebenes Heft mit Gedichten von Marie Frischauf, von denen hier einige erstmals gedruckt wurden.

Außer den hier aus verschiedenen Zeitschriften entnommenen Gedichten gibt es noch einen kleinen Bestand im Nachlaß von Leo Katz (vgl. Murray G. Hall/Gerhard Renner: Handbuch der Nachlässe und Sammlungen österreichischer Autoren. Wien, Köln, Weimar 1995), der zum Zeitpunkt dieser Edition jedoch nicht zugänglich war.

DER GRAUE MANN (2)

1. Kapitel

Es war ein regnerischer Abend im März 1946, die Wolken schienen bis zu den Dächern zu reichen, und bei jedem Windstoß, der neue Wolkenmassen herantrieb, wurden sie dunkler. Karl Grundner mußte sehr vorsichtig gehen. Mit den plumpen Soldatenschuhen tastete er die Erde ab, wie er es in den pechschwarzen Winternächten im Kriege hatte tun müssen. Selbst diese Hauptstraße, die Kärntnerstraße, war nur spärlich beleuchtet, außerdem gab es überall Mauertrümmer und Ziegelhaufen, die die Straße noch zu verdunkeln schienen, und Löcher und Sprünge im Boden, über die er stolperte. Grundner erinnerte sich plötzlich, wie bei Regen das glatte bequeme Asphaltpflaster die Lampen widergespiegelt hatte, wenn er als Kind an der Hand der Mutter ehrfürchtig durch die vornehme innere Stadt gegangen war.

Die Bar, in der er erwartet werden sollte, schien geschlossen zu sein, weder durch die Türe noch durch die Fenster drang ein Lichtstrahl. Grundner zögerte, ging ein wenig auf und ab, wollte endlich die Türschnalle ergreifen, als diese niedergedrückt wurde und sein Kamerad Walter Keil heraustrat.

„Hallo Karl", rief er, „du bist pünktlich. Komm nur herein."

Die Innenseite des Eingangs war von zwei dicken Vorhängen bedeckt, von denen der eine aus grünem Plüsch, der dem Raum zugewandte aus Brokat war. Durch einen Spalt sah Karl in das überfüllte Lokal. Überhelle Lampen, ein gleißendes Schimmern von Schmuck, bloßen Schultern, Abendkleidern, Seiden- und Nylonstrümpfen, von Gläsern mit farbigen Cocktails, von Nickel, Mahagoni und Glas des Buffets und der Tische, von der weißen Hemdbrust der Herren und manchem glänzenden Kahlkopf, von dem wunderbar gebohnerten Parkettboden. Es war ein strahlender Glanz im Gegensatz zu den fast unbeleuchteten Straßen, durch die er gekommen war, und zu dem Parterrezimmer,

11

das er seit seiner Heimkehr mit zwei anderen Leuten teilte und das nur von einer alten Petroleumlampe beleuchtet wurde.

Durch das Gedränge der Tische, der Halbbetrunkenen, der Tanzenden und sich Umarmenden führte Walter den Ankömmling zu einem Tisch, an dem eine Anzahl Burschen und Mädchen dicht aneinandergedrängt saß, einige zu dritt auf zwei Sitzen. Sie sahen ihnen entgegen und eines der Mädchen, zart, mit schmalem, ovalem Gesicht, sah Karl freundlich und neugierig an und fragte: „Ist er das?"

„Ja, da ist der Kamerad Grundner", stellte Walter vor. „Vor sechs Monaten aus der russischen Gefangenschaft zurückgekommen. Macht Platz für ihn … nein, warte!" rief er plötzlich.

Er war mit einem Satz bei einem Tische, der eben frei wurde, und schnappte einen Sessel weg, dicht unter der Hand eines dicken, kurzen Herrn, der einen für sein Alter und seine Statur viel zu hellen Anzug trug. Der Herr sah ihm beleidigt nach. „Frecher Mensch", sagte er mit einem gemischten Akzent, „diese Burschen sind wirklich frech."

„Was wollen Sie, sie waren im Krieg", antwortete sein Gesellschafter, ein Herr, dem man ansah, daß er einmal ein Monokel getragen hatte. Er sah ziemlich wohlwollend dem jungen schneidigen Menschen nach, der seinen unsympathischen Geschäftspartner geärgert hatte.

Walter trug den Stuhl hoch über dem Kopf zu seiner Gesellschaft. „Gelernt ist gelernt, was?" sagte er, als er ihn absetzte. „‚You tackle him', sagen sie drüben."

Der Sessel wurde mit Mühe zwischen die anderen gezwängt. Platz für die Unterarme war nur auf dem Tisch, und der war schon sehr belegt, oder auf dem Schoße der Nachbarinnen, was diese zu erwarten schienen. Karl machte sich so schmal wie möglich.

„Wir wissen schon, wie es bei euch war", sagte ein schwarzhaariger junger Mensch, mit einer Nase so scharf wie eine

Schreibfeder und starken Lippen darunter, was die Dünnheit der Nase noch verstärkte. „Ich war nicht selbst dort, aber die Heimkehrer haben schon genug erzählt."

„Ich erzähle ohnehin nicht gern", sagte Grundner, ärgerlich über die vorzeitige Ablehnung.

„Bei uns war es wahrscheinlich auch nicht besser", erklärte ein anderer. „Gefangenschaft ist nirgends bequem."

„Aber wenigstens hast du sehr gut gelernt, wie man mit den amerikanischen boys umgehen muß, wenn man was von ihnen bekommen will", bemerkte die hellblonde Waltraut lachend.

„Ja, ich komme gut mit ihnen aus", antwortete er friedfertig.

Während alle lebhaft durcheinander von Krieg, Geschäften und Liebesabenteuern redeten, saß Grundner ruhig da, trank, rauchte und wurde endlich warm, fast glücklich. Alle waren laut und übermütig, machten Witze, sprachen mit dem Ungestüm und der Freude, die jungen Menschen eigen ist, wenn es ihnen nicht zu schlecht geht. Es waren die ersten jungen Leute, die Grundner laut lachen und sich freuen sah, seit er zurückgekommen war. Dort, wo man ihn hingebracht hatte, in einen zerschossenen Arbeiterbezirk, waren sie finster, mürrisch, unbeschreiblich arm und verhungert, ihres Daseins überdrüssig. Diese letzten Jahre waren für die meisten jungen Menschen Österreichs nur Elendsjahre ohne Hoffnung.

Walter bestellte Champagner, „zu Ehren des neuen Mitglieds unserer Aktiengesellschaft ohne irgendwelche Haftung", sagte er. Es gab nur wenige Abende, an denen diese reich gewordenen jungen Leute nicht Champagner bestellten.

„So was Gutes hast du noch nicht getrunken, was?" fragte er. „Da, nimm noch ein Glas! Jetzt wirst du das ja öfter trinken. Kannst dir gratulieren, daß du mich endlich getroffen hast! Hier in Wien verkommt man, wenn man nicht an tüchtige Leute gerät."

„Na, verkommen…", sagte Woltra, der Schwarzhaarige mit der dünnen Nase. „Das tun wir auch, obwohl wir sehr tüchtig sind.

Nicht, Bella?" „Du vielleicht", sagte sie beleidigt, „du wirst ja ein Säufer." – „Besser als Koks", antwortete Woltra. Das Mädchen stand zornig auf: „Will jemand tanzen?" fragte sie und kehrte Woltra den Rücken. Der Maler Kilba, ein blasser, stutzerisch gekleideter Mensch mit kleinem Schnurrbart, erhob sich langsam und führte sie aufs Tanzparkett. Nachdem sie sich entfernt hatten, sagte Woltra gleichsam entschuldigend: „Von meinem Vorgänger hat sie es gelernt, das Koksen. Oder vielleicht ist er noch mein Mit-Gänger", fügte er spöttisch hinzu. „Wer weiß, ein Ami war es, ein boy-friend. Obgleich ich auch selbst genug verdiene, sie hätte niemanden nötig."

Keil setzte sich zu Grundner und fragte: „Nun, gefällt es dir bei uns?"

„So viel Geld werde ich nie verdienen, um so leben zu können."

„Du wirst es schon lernen. Ich habe dich absichtlich gleich hierher eingeladen, weil du Bedenken hast. Da siehst du gleich, wie man leben kann, wenn man klug ist. Merk dir, jetzt im Nachkrieg ist es wie im Krieg. Wir sind im Dreck gelegen und haben uns die Füße erfroren oder eine Kugel in den Bauch gekriegt. Und die anderen sind als Macher von ‚det Janze' im Hinterland gesessen und haben das Geld zusammengescharrt und die Beute geteilt, die wir armen Hunde für sie gemacht haben. Was du hier herumsitzen siehst, sind dieselben Leute, die Spekulanten und Tachinierer aus allen Ländern. Wie lange warst du fort?"

„Sieben Jahre", sagte Karl. „Neununddreißig haben sie mich eingezogen. Ich war gerade siebzehn Jahre alt!"

„Also bist du jetzt fünfundzwanzig. Jetzt wird es dir endlich gut gehen, wenn du mit uns arbeitest."

„Ich werde kein guter Kaufmann sein", sagte Karl nachdenklich.

Der melancholische Günter Strom, ein blasser, unauffälliger Mattblonder mit schönen dunklen Augen, der bisher fast nicht geredet, sondern immerfort trinkend zugehört hatte, sagte höhnisch: „Kaufmann? Heut kann das jeder. Die einen geben dir ihre Möbel, Bettzeug, Schmucksachen und Bilder für ein bisserl Fleisch, Schmalz oder Schokolade, damit sie nicht verhungern, und die anderen kaufen dir alles ab und verkaufen es irgendwo um das hundertfache. Fertig ist der Kaufmann. Da brauchst du keine Buchhaltung und keine Bilanz und keine Steuern, nur viele Leute, denen es schlecht geht und ein paar Bekannte und Ausländer, die genug Geld haben."

„Dem Günter kannst du glauben", sagte Keil lachend, „er verdient von uns allen am meisten."

„Er sieht gar nicht so tüchtig aus", sagte Grundner.

„Daß er so untüchtig aussieht, ist sein bestes Atout", sagte Keil.

Bella kam mit ihrem Tänzer zurück, auch die anderen Mädchen, die indessen alle getanzt hatten, setzten sich wieder zu ihnen. Von ihnen allen gefiel dem Grundner am besten Bella, die Freundin Woltras. Ihr Haar war dunkel, die Lippen sehr rot, das Kleid sehr weit ausgeschnitten, wie bei allen Frauen im Lokal, doch schien sie ihm feiner, hilfloser und zugleich lebhafter als die anderen. Vielleicht kam es vom Kokain.

Sie bemerkte, daß er sie ansah. „Willst du nicht auch tanzen?" fragte sie.

„Mit diesen Schuhen? – Und außerdem kann ich gar nicht tanzen."

„Das zeig ich dir schnell. Oder nein, erzähl mir lieber etwas von dir."

Während sie fragte und plauderte, wurde Grundner nach und nach einsilbig. Alkohol, Lärm und Traurigkeit überwältigten ihn, während die anderen weiter schrien und lachten. Sie waren wahrscheinlich viel widerstandsfähiger als er. „Vielleicht bin ich nur müde", dachte er, „von der Gefangenschaft, Enttäuschung und schlechtem Essen." Er versuchte aufzustehen.

„Jetzt muß ich fort", sagte er, „ich habe es sehr weit nach Hause."

Walter Keil drückte ihn auf den Sessel nieder.

„Wir bringen dich dann heim, brauchst dir nicht die Füße zu brechen im Finstern."

„Ich gehe lieber gleich, mir macht es nichts, zu Fuß zu gehen", sagte Karl. Er schämte sich vor den anderen, sie sollten nicht sehen, wie schäbig er wohnte.

Aber Walter ließ ihn nicht fort. „Du kannst auch einmal ein bisserl drahn", schrie er, ihm auf die Schulter klopfend. „Ich hab dir nicht vergessen, wie du mich aus dem Schnee zurück-geschleppt hast mit meinem Beinschuß, damals bei Charkow... Jetzt werde ich dir das ein bisserl vergelten. Reich wirst du bei uns werden, die besten Geschäfte werde ich dir zuschieben."

„Schieben kannst du ja gut", sagte Woltra grinsend.

Als die Gesellschaft endlich aufbrach, stiegen acht von ihnen in einen amerikanischen Wagen, die Mädchen auf dem Schoß von je zweien. Auch Karl bekam seinen Teil davon, aber er war viel zu müde und zu schüchtern, um diese Gelegenheit zu ge-nießen. Er war immer der junge Bursch geblieben, der noch nicht zuviel von der erotischen Freiheit der Nazi gekostet hatte, als er ins Feld kam. Sie fuhren mit großem Lärm und über-großer Geschwindigkeit durch die dunklen Straßen, in denen um diese Zeit – es war bald vier Uhr früh – keine Menschen waren. Karl war dankbar, das war wahrhaftig besser, als zu Fuß zu gehen. „Wer im Auto fährt, sieht wenigstens nicht, wie trostlos alles aussieht", drückte Woltra die Gefühle Grundners aus.

Als er ausstieg, sagte Keil: „Schön wohnst du nicht! Aber ich werde dir ein Zimmer in unserer Nähe besorgen. Du wirst ja jetzt bald viel verdienen, und die Hausfrau gibt es dir auf Kredit, wenn ich dich empfehle. Servus. Also morgen dein erstes Geschäft, vergiß nicht!"

„Du, der ist aber fad", sagte das Mädchen Elin, die auch Elinor und zu Hause Elly hieß.

„Warum? Hat er dich nicht einmal ins Bein gezwickt? Er wird es schon lernen, bei uns."

2. Kapitel

Grundner legte sich etwas betrunken schlafen und erwachte unglücklich und mißmutig. Die beiden Schlafkameraden waren schon fortgegangen, er hatte sie im Halbschlaf gehört, hatte aber die Augen nicht öffnen wollen. Auch jetzt blieb er noch liegen, völlig wach, aber ohne den Lebensmut aufzustehen. Die Erlebnisse des Abends zuvor hatten ihn überfallen und geblendet, aber er würde es nie so weit bringen, wie die anderen – und ihr Leben gefiel ihm auch nicht.

Grundner hatte das Glück gehabt, ziemlich schnell aus der Gefangenschaft zurückzukehren. Im Krieg und als Häftling hatte er nur davon geträumt, nach Hause zu kommen, zur Arbeit, zur Ruhe, zur Heimat, die er sich noch immer reich und unberührt friedlich vorgestellt hatte. Die einfachen Soldaten erfuhren wenig von den furchtbaren Bombardements in Österreich und Deutschland, und wenn jemand davon erzählte, glaubten sie es nicht. Aber als er heimkam, fand er die Eltern nicht mehr, sie waren gemeinsam durch eine Bombe vernichtet worden. Er konnte es noch jetzt nicht fassen, daß sie im sicheren Heimatland, für dessen Ehre und Reichtum er ins Feld geschickt worden war, ebenso zugrunde gegangen waren wie die vielen, die er um sich herum hatte fallen sehen. Längst hatte er begriffen, wie manch anderer der Kameraden, die in Rußland eingedrungen waren, daß dieser Krieg ihnen keine Ehre brachte, und daß er nicht bloß ein Unglück, sondern ein Verbrechen war, aber dieses furchtbare persönliche Opfer, der Tod der Eltern, verschärfte noch die Beschämung und die Selbstvorwürfe. Siebzehn Jahre war er alt gewesen, als er im Jahre 1939 stolz und tapfer Soldat wurde. Sieben Jahre seines Lebens hatte er sinnlos und schamlos für diesen fürchterlichen Krieg hingegeben. Dazwischen lagen die Erlebnisse der Hölle, zu der Ehrgeizige, Geldgierige und Geisteskranke die Welt gemacht hatten.

Er konnte plötzlich nicht mehr liegen vor Ungeduld. Er sprang aus dem Bett, durchschüttelt von dem glühenden Verlangen, sofort etwas Neues zu beginnen, etwas Großes, Gutes, für alle Menschen Wichtiges. Der Knabe hatte von Amundsen und Scott, von Edison, Schiller und Winnetou geträumt, bis er die Bibel Hitlers in die Hand bekommen hatte und auswendig lernen mußte. Pfui, nie wieder wollte er sich zu blindem Glauben und schlechten Werken einfangen lassen. Fort mit Keils Angebot, mitten im Unglück so vieler Menschen durch schmutzige Geschäfte reich zu werden! „Endlich, endlich werde ich meinen eigenen Idealen folgen", dachte er mit kindlicher Inbrunst.

Mit bloßen Füßen ging er zum Petroleumkocher und stellte Wasser für den Kaffee auf, dann putzte er, so gut es ging, die Schuhe und kleidete sich an.

Der Anzug, den man ihm nach der Heimkehr gegeben hatte, war zu groß. „Du wirst ihn schon ausfüllen, wenn du dich erholt hast", hatte man ihm lachend gesagt. Die Schuhe waren häßlich, wahrscheinlich nicht neu. Alles war ihm plötzlich zuwider, der dumpfe Geruch der Feuchtigkeit, der Ersatzkaffee, die alte Waschschüssel. Rasch in die Tiefe rollte die warme Welle der Zuversicht und Hoffnung, die ihn eben noch getragen hatte. Er setzte sich an den groben Holztisch, zündete eine von Keils Zigaretten an, und während er langsam den warmen Kaffee trank, dachte er nach.

Was er seit der Heimkehr täglich gesehen hatte, waren armselige erniedrigte Menschen, die in Trümmern und Ruinen wohnten. Nachts liefen die Ratten wütend in den Zimmern herum, weil sie so wenig zu essen fanden. Die Wohnung und die geringe Habe der Eltern waren zerstört, und wo es gute Arbeitsplätze gab, waren sie von denen besetzt, die zurückgeblieben waren, oder von den deutschen Flüchtlingen, die im Jahre 1945 zu Hunderttausenden über die Grenze gekommen waren. Alle Menschen, die er bisher kennengelernt hatte, hatten schreckliche Sorgen und konnten ihm nicht helfen, auch nicht die abgemagerten Beamten in den Büros, die ihn mitleidig auf später vertrösteten. Eigentlich hatte er bisher niemanden gesehen, dem es gut ging.

Und gestern nun hatte er auch die anderen gesehen. Man konnte auch anders leben, das war nicht unerreichbar. Man mußte anders leben, wenn man nicht, wie alle in den letzten Jahren, zum Tier werden wollte vor Hunger, Schmutz, Kälte und Angst. Genug gelitten! Den Eltern konnte er doch nicht mehr helfen. Die Eltern … wieder stieg der Schmerz der Verlassenheit empor und preßte ihm das Herz zusammen. Die Eltern hatten nie mitgetan, wenn die anderen prahlten und jauchzten. Sie hatten dem Sohn nichts vorgeschrieben, nichts gebilligt, sie ließen ihn gewähren. Sie hatten ihm nichts dreingeredet, um ihn nicht zu gefährden, das verstand er später. Was hätte solch ein Sandkorn tun können, dachten sie, gegen den ungeheuren Felsblock, der sich über die Menschen wälzte und alles zermalmte, was gut und ehrlich war. Sie hatten dahingelebt und ihre Arbeit getan.

Er öffnete das Fenster und sah hinaus.

Eine Stadt, in der Bomben gehaust haben, sieht in allen Ländern gleich aus, und er und die anderen zurückgekehrten Soldaten sahen ihre Vaterstadt nicht weniger elend als jene Orte, die sie in Polen, Rußland, Griechenland selbst beschossen und erobert hatten. Brandstätten, Bombentrichter, aufgerissene Keller, zertrümmerte Häuser, verschüttete Straßen. Gegenüber dem Hause, in dem Karl wohnte, lag ein riesiger Schutthaufen, aus dem Gerümpel, rostige Rohre und Eisentraversen herausragten. Scheue hungrige Kinder, zerlumpte Halbwüchsige, alte Frauen suchten zwischen den Trümmern nach brauchbaren Resten.

Er hatte sich an den Anblick schon gewöhnt, aber heute erschütterte er ihn aufs Neue. „Wir haben nie daran gedacht, daß auch uns passieren kann, was wir den anderen antaten!" dachte er, entsetzt von dieser Erkenntnis. „Wir waren so sicher, daß wir siegen müssen. Wir waren einfach zu jung – es war so ein großartiges Ziel: wir, Deutschland, Herrscher der Welt!"

Nur nicht an alles das denken, nur nicht alles das immer wieder sehen! Der Geruch des Frühstücks bereitete ihm Übelkeit, er schüttete es fort, wusch Topf und Schale aus und beeilte sich fortzukommen.

3. Kapitel

Grundner traf seinen Freund am nächsten Vormittag in einem Kaffeehaus in Hietzing, einem für Ausländer ungefährlichen, eleganten westlichen Bezirk der Stadt. An Keils Tisch saß ein großer fetter Herr, der gutmütig und schläfrig aussah und zuhörte, ohne Keil zu unterbrechen. Erst als dieser eine Summe nannte, hoben sich plötzlich seine dicken gesenkten Augenlider ein wenig vom schmalen Ausschnitt der Augen. „120.000", sagte er mit näselnder Stimme. Keil hatte 80.000 geboten. Man begann zu handeln, Keil mit freundlicher beflissener Stimme, der andere immer in verärgertem näselndem Ton.

Keil konnte nichts erreichen. „You are tough", sagte er schließlich, als wäre es ein Kompliment. Der andere reagierte nicht darauf, er drehte die Daumen.

„Mein Freund Grundner wird die Ware übernehmen, nicht Herr Reugler", sagte Keil, „er wird auch das Geld überbringen. Herr Reugler geht für einige Zeit nach München." Da wurde der Verkäufer aufmerksam und öffnete wieder ein wenig die Augen, weil die einzig erregbare Stelle seiner Gefühle getroffen war und das Auge bekanntlich der Spiegel der Seele ist. „Kann ich ihn nicht vorher sprechen?" fragte er. „Ich habe Freunde in München und kann ihm Empfehlungen geben."

„Ich werde es ihm ausrichten", sagte Keil, „und wenn er noch Zeit hat, wird er sie mit Vergnügen im Hotel aufsuchen oder wenigstens telefonieren." „Nein, ich müßte ihn persönlich sprechen", beharrte der Amerikaner.

Nachdem das Geschäft abgeschlossen war, stiegen sie in Keils Wagen. „Das ist viel Geld!" sagte Grundner. „Woher nimmst du 120.000 Schilling?"

„Betriebskapital, mein Lieber, habe ich mir natürlich verschaffen müssen. Jetzt bin ich Gott sei Dank schon so weit, daß man mir kreditiert. Ich bin genau so angekommen wie du, abgerissen und ohne Geld, und zu Haus hat die Mutter begonnen, die Teppiche zu verkaufen, damit sie zu essen haben. Aber so schlau wie die anderen bin ich auch. Ich habe uns rasch geholfen."

Er tippte auf Grundners Ärmel. „Und der Anzug, den du anhast, ist deine Provision für die Sache heute." Er hatte seinem Freund Kleider, Wäsche und Schuhe besorgt. „Das hätte dich Tausende gekostet – wenn du dir's überhaupt hättest verschaffen können. Aber anständig angezogen mußt du sein bei dem Geschäft – die Ausländer behandeln uns ohnehin wie die Hausknechte, die sie für ein Trinkgeld bedienen müssen."

Das Zimmer, das Keil Grundner verschafft hatte, war nicht sehr groß und schon jetzt, um fünf Uhr, etwas dunkel, weil es in einer engen Seitengasse des Zentrums lag. Aber es hatte ein sogenanntes gutes, solides Meublement: Teppich, Vorhänge, eine Couch, ein Rauchtischchen, Nippes und Bilder, einen Messingluster.

„Nun, wie gefällt es dir?" fragte Keil stolz. Er setzte sich sofort an den Rauchtisch und zündete eine Zigarette an.

„Hübscher als deines, was? Und du bist mitten im Betrieb. Hier herum wohnen die reichen Leute. Sogar die Hausbesorger verdienen hier schwer an den fremden Schiebern." Er lachte laut, indem er auf sich zeigte. „Manchmal mehr als unsereins. So setz dich doch endlich, es ist ja dein Zimmer!"

Karl setzte sich nieder und nahm die Zigarette, die Keil ihm reichte. „Es ist ja keine großartige Wohnung", fuhr Keil fort, „aber hier kannst du Geschäftsfreunde ruhig empfangen. Man muß in einer guten Gegend wohnen, weißt du. Wenn man mit reichen Leuten umgeht, hat man den Ehrgeiz, auch reich zu werden. Das ist auch das Gute an den amerikanischen Filmen. Du spürst, daß es das wichtigste ist, Geld zu haben, wie immer du es dir verschaffst. Oder wenn du ein großes amerikanisches Auto siehst, willst du sofort ein ebensolches haben. Warum du nicht? Sind denn die anderen mehr als du? Haben sie mehr geleistet? Dort, wo du jetzt wohnst, verlierst du den Mut und die Perspektive auf ein größeres Leben. Was siehst du dort? Anständige Leute? Sie sind auch nicht gar so anständig. Arbeitende Leute? Sogar ehrliche Leute? Es hat keinen Sinn, sich daran ein Beispiel zu nehmen, in der jetzigen materialistischen Zeit. Du kannst sie meinetwegen achten, aber du mußt nicht mit ihnen verhungern. Du hast deinen Teil am Elend schon in diesen sieben Jahren gehabt."

Keil liebte es, lange spitzfindige Reden zu halten, um sich und den anderen zu beweisen, daß er ein guter Advokat geworden wäre, wenn er es gewollt hätte. Er hatte sechs Jahre lang Jurisprudenz studiert – jetzt war er einunddreißig Jahre alt – und hatte nur ein einziges Examen abgelegt.

Grundner hörte schweigend zu. Er kannte Keil gut vom Krieg her, der war im tiefen Grunde seiner Seele ein gutherziger und anständiger Mensch, der versuchte, es sich in dieser niederträchtigen schweren Welt leichter zu machen. Er wußte natürlich selbst genau so wie Grundner, daß diese ganze Beweisführung erlogen war, Ausreden, um das Gefühl der Verdorbenheit zu beschwichtigen, Winkelzüge des Geistes, um die Wahrheit zu umgehen.

„Ich werde genau dasselbe tun", dachte Grundner, „übrigens habe ich gar keine Wahl mehr. Ich bin Keil schon so viel Geld schuldig."

„Wieviel kostet denn das Zimmer?" fragte er.

„Vierhundert Schilling im Monat, hier ist eine teure Gegend."

„Du, ich bekomme zweihundert im Monat, wie soll ich dir das zurückgeben? Du sollst mir nicht zuviel zutrauen. Was tue ich denn, wenn ich nicht für dieses Geschäft tauge? Ich habe nie so etwas gemacht."

„Du wirst es schon fertigbringen, genau so wie ich. Du redest gut und siehst gut aus, wenn du anständig angezogen bist. Das Gute hat die Hitlerjugend doch gehabt, man hat Haltung und Manieren gelernt. Du hast jetzt schon gesehen, wie wir es machen, und ich werde dich auch dort überall einführen, wo man die guten Tips bekommt. Es kostet natürlich etwas Mühe, bis man sich mit dem Verkäufer zusammensetzen kann und den Preis aushandelt, ohne zu sehr beschwindelt zu werden. Aber du wirst es bald können."

„Mein Vater war Handwerker, Buchbindergeselle, kein Geschäftsmann. Ich hab' das nie zu sehen bekommen."

„Ich habe das Talent auch nicht geerbt", sagte Keil, nachdem sie sich neue Zigaretten angezündet und eine Weile schweigend geraucht hatten. „Mein Vater mit seinem kleinen Gehalt als höherer Staatsbeamter – alte Marke Österreich, verstehst du – weiß natürlich nichts davon. Er wütet schon, wenn er das Wort ‚Provision' hört. Der sollte ein paar seiner Amtskollegen näher kennen – ich weiß nicht, ob er nicht Selbstmord begehen würde."

Er wurde nachdenklich. „Ich habe ihn sehr gern, meinen alten Herrn. Er hat natürlich schneller als wir jungen Schafsköpfe verstanden, daß es um Gold, Petroleum und Kolonien geht bei diesem erhabenen Getöse von reiner Rasse und edlem deutschen Wesen und anfangs hat er sich sogar sehr offen und respektlos ausgedrückt. Zum Glück hat ihn niemand denunziert. Hätte man ihn verhört, so wäre er wohl mit seinen Ansichten herausgerückt und ins Lager gekommen."

Er warf seine Zigarette fort. „Zu ehrlich darf man nicht sein unter allen diesen Hyänen. – Wart, ich laß uns einen Kognak bringen."

Er ging zur Tür und rief die Vermieterin.

„Können Sie uns nicht einen Kaffee machen, Frau Pfaller?" fragte er, „einen starken, ja? Und etwas von ihrem guten Kognak bringen?" – wobei er ihr zublinzelte.

„Natürlich, Herr Keil", sagte sie mit einem schelmisch-koketten Lächeln, das sonderbarerweise ihrem ältlichen starken Gesicht unter den goldblond gefärbten Haaren sehr gut stand, weil es ein witziges, menschenfreundliches Gefühl ausdrückte. Sie hatte breite Hüften sowie eine üppige Brust und trug kurze Röcke und hohe Absätze, die modern waren.

„Den Kognak hat sie von mir", sagte Keil selbstgefällig, als sie das Zimmer verlasen hatte, „und den Kaffee auch. Hast du eine Ahnung, wieviel Kaffee, Zucker und Zigaretten man hergeben muß, um hier überhaupt ein Zimmer zu bekommen? Alles ist voll von Ausländern, die Geschäfte machen. Und natürlich den schönen Mädels, die ihnen Gesellschaft leisten. Jede von ihnen kriegt gleich eine ganze Wohnung", setzte er lachend hinzu.

Frau Pfaller brachte Kaffee und Kognak und ein paar Brötchen mit Butter und Delikatessen belegt, die Grundner nie in seinem Leben gekostet hatte. Dann nahm Keil Mantel und Hut.

„Nun also, bring deine Sachen her, Karl, was du brauchen kannst, und morgen treffen wir uns im Café Museum. Telefon hast du auch. Wenn sich was ändert, lasse ich dir's sagen."

Er rief Frau Pfaller Adieu zu und ging.

4. Kapitel

In seinem früheren Zimmer in der Buchengasse fand Grundner, der zwei Nächte nicht nach Hause gekommen war, nur mehr einen seiner Zimmergenossen vor, den trübsinnigen, nicht ganz gesunden Sterner. Der andere war aufs Land gefahren, dort bekam man für die Arbeit als Knecht genug zu essen.

Sterner hatte bei seiner Heimkehr ebenso wie Grundner niemanden mehr vorgefunden, der ihn erwartet hätte. Seine Frau lebte seit drei Jahren mit einem verheirateten Gemüsehändler in Kärnten und hatte auch die beiden Kinder dahin mitgenommen. Als sie von des Gatten Heimkehr erfuhr, hatte sie ihn aufgefordert, gleichfalls nach Kärnten zu kommen. Die Korrespondenz mit ihr dauerte nun schon vier Monate, und Sterner war so niedergedrückt, daß er sich nicht aufraffen konnte, ein normales Leben zu beginnen, sich um seine frühere Stellung zu bemühen oder eine Wohnung zu suchen.

„Willst du ihren letzten Brief lesen?" fragte er.

Der Brief, den Grundner nur mit Widerwillen las – er wollte plötzlich nichts mehr von Unglück und Kränkungen wissen –, war von schonungsloser Aufrichtigkeit, herzlos und sachlich. Die Frau wollte keine Scheidung, sie wollte, daß Sterner in ihrer Nähe Arbeit suche, um die beiden Kinder zu erhalten. Sie gab offen zu, daß sie auch von ihrem Liebhaber ein Kind erwarte – sie sei ja zu lange allein gewesen, Sterner müsse das einsehen – und sie könne ihn auch nicht verlassen, alles würde sich einrichten lassen, wenn Sterner käme, bei ihnen gäbe es massenhaft Arbeitsmöglichkeiten.

„Mir so etwas zuzumuten", brüllte Sterner mit seiner kraftlosen, verhungerten Stimme, es klang wie schweres Atemholen eines Verunglückten.

„Die Scheidung wirst du bestimmt durchsetzen", sagte Grundner beruhigend. „Du findest bald genug eine andere Frau, eine die nicht so schlecht ist." „Sie ist ja nicht schlecht, der Krieg hat alle verdorben, Männer und Frauen. Diese Hunde mit ihrem ewigen Kriegführen", sagte Sterner durch die Zähne.

Grundner begann, seine Sachen zusammenzupacken. „Jetzt wirst du wenigstens mehr Platz haben", tröstete er, „oder nimmst du dir jemanden anderen her?"

„Natürlich, allein bleibe ich nicht, mit irgendwem muß ich reden können. Sonst häng ich mich einmal in der Nacht auf. Wohin ziehst du eigentlich?"

„Ich hab's dir ja gesagt. Ich habe eine Stelle bei einem Geschäftsmann, Waren transportieren. Und er hat ein Kabinett für mich frei."

„Was für Waren? Schwarzer Markt, was?"

„So was wird's schon sein. Ich bring dir auch Butter und Schmalz, wenn es das dort gibt."

„Danke im voraus! Hoffentlich wird es dort schöner als hier." Er wies auf die scheibenlosen, mit Holz vermachten Fenster, von denen eines geöffnet war.

Es waren die ersten Märztage nach einem furchtbar kalten Winter, den viele Menschen in zerbrochenen Häusern, ohne Kohle, mit wenig Nahrung zugebracht hatten. Durch den Trümmerhaufen kletterten mehrere Buben, laut pfeifend und schreiend. Eine noch junge, abgemagerte Frau mit von der Kälte rotgefrorenen Händen überquerte die Straße.

„Dort ist dein Pepi", sagte ihre Nachbarin, die eben vorüberging. Sie zeigte in eine Ecke, die hinter einer Erhöhung aus Erde und Trümmern lag. „Er hat eben mit einer Eisenstange auf mich gezielt und ‚Hände hoch' geschrien."

„Pepi!" rief die Mutter.

Der neunjährige Pepi kam aus seinem Versteck, schoß aber sofort auf einen anderen Jungen zu, der eine große Kartonschachtel mit abgerissenen Ecken aufhob. „Gib her!" schrie er, „ich hab sie zuerst gesehen, dort von meinem Führerstand!" „Pepi!" schrie die Mutter böse, aber Pepi riß dem anderen die Schachtel aus der Hand und lief davon.

„Was soll ich nur machen", sagte die Mutter zur Nachbarin, die stehengeblieben war, um der Szene zuzusehen. „Er läuft mit den großen Buben herum, die spielen alle Räuber, Krieg, Soldaten im Feindesland, Aufhängen und Bombenwerfen. Aus der ungeheizten Wohnung läuft er mir natürlich davon, wenn ich nicht da bin. Und die Aufgaben macht er nicht gern allein – und ich komm erst abends nach Hause. Wer weiß, was sie noch alles anstellen, diese kleinen Dummköpfe."

Ein großer alter Mann, der den Rest einer alten Steppdecke als Weste vor die Brust gebunden hatte und so abgemagert war, daß seine Wangen aus Pergament geklebt zu sein schienen, stellte sich zu ihnen. „Wir haben das ja alles auch gespielt", sagte er. „Aber die jetzigen Buben kennen es halt besser, sie haben es ja erlebt. Und dann die Filme und die Bilder in den Zeitungen – was die Heimkehrer erzählen und die Invaliden."

„Da müssen wir eben beginnen, ihnen ein anderes Leben zu zeigen", sagte die Mutter etwas lehrhaft und nahm den Pepi, der zurückgekehrt war, an der Hand. „Jetzt muß ich nach Haus, adieu, Herr Ruppinger."

Grundner sah, als sie mit dem Buben an der Hand an seinem Fenster vorbeiging, ein noch junges, gutes Gesicht unter graudurchschossenen Haaren und eine aufrechte, sehr dünne Gestalt in abgetragenen Kleidern. Er lächelte dem Kinde zu, und dieses blieb stehen und lächelte zurück. Die Mutter hob die Augen, den Meter hoch, den das Fenster über der Straße lag, und auch sie lächelte einen Augenblick. Als sie weitergingen, drehte sich der Bub einige Male um und winkte zurück. Freundschaft auf den ersten Blick! Sie bogen um die Ecke und Karl verabschiedete sich von Sterner. Morgen sollte er beginnen, selbständig zu arbeiten. Als er das Wort „arbeiten" dachte, machte er eine Grimasse des Widerwillens, weil er den fetten Herrn mit den schweren Augenlidern vor sich sah und die anderen unangenehmen Typen, die er in der kurzen neuen Lebensphase schon kennengelernt hatte.

„Auch das neue Milieu wird nicht angenehm sein", dachte er, „aber dieses hier – nie wieder!"

Karl nahm seinen kleinen Koffer und ging davon, aus dem armseligen, niedrigen zehnten Bezirk des Lebens, dem Milieu der verelendeten und besiegten Österreicher in den ersten Bezirk, in das Milieu der Kriegsgewinner und Sieger aller Nationen, eingeschlossen die der Österreicher.

Die Frau mit dem Kinde aber ging in ihre kleine Wohnung zurück und begann, für die Kinder das Essen zu bereiten. Die vierjährige Nathalie wurde von der Nachbarin hereingebracht. „Na, Pepi", sagte diese, „hast was gefunden im Schutt?" Pepi zeigte stolz die geraubte große Schachtel, in die er noch schnell die übrigen erbeuteten Schätze, verbogene Nägel, kleine Rohrstücke und einen ganz gebliebenen kleinen Taschenspiegel gesteckt hatte. Die Kinder wuschen sich die Hände mit der kreidigen Seife, welche die Regierung den Bewohnern ärmlicher Gassen zur Verfügung stellte, aßen ihre Bohnen und wurden um acht ins Bett gesteckt. Pepi schlief schon „im eigenen Zimmer", nämlich in der Küche, Nathalie im Aufschlagbett neben der Mutter. Es gab noch viel zu tun für sie – flicken, Geschirr waschen, notieren. Es war fast elf Uhr, als Christine das Licht auslöschen und sich ins Bett legen konnte.

In dieser Nacht lag sie wieder lange mit offenen Augen da, obgleich sie so müde war. Sie hatte Grundner kaum angesehen, als sie mechanisch dem Blick des Kindes folgte. Sie hatte ihn längst gekannt, sie kannte alle Heimkehrer, die in ihrem Bezirk wohnten, ob sie in ihre Obhut kamen oder nicht. Sie hatte alle angesehen, die aus dem Kriege hatten heimkehren können, während Franz nie wieder kommen würde, ihr Freund, ihr Lehrer im Widerstandskampf, der Vater der kleinen Nathalie. Er war im Jahre 1941 illegal in das von den Nazis besetzte Österreich zurückgekehrt und ein Jahr später von der Gestapo aufgespürt und verschleppt worden.

Christine Gellner war in einer Kinderorganisation als Leiterin beschäftigt und hatte tagsüber viel zu tun, um die verwahrlosten, frierenden, hungernden Kleinen und ihre halbwüchsigen Pflegerinnen in dieser Zeit der Not zu versorgen und zu beruhigen. Aber oft stand mitten im Tun und Reden das Bild ihres verschollenen Freundes im Hintergrund ihres Denkens auf, wie sie ihn zuletzt gesehen hatte – sein braunes gutes Gesicht, die vertrauten Bewegungen, Lachen und Ernst, die herzliche Stimme. Schneidendes Herzweh, unerträgliche Trauer – sie legte alles aus der Hand und ging in die dunkle Garderobe, auf den Hof oder in die Wäschekammer, um zu weinen.

Bei Nacht, wenn sie wie heute nicht schlafen konnte, war die Erinnerung noch viel schmerzhafter. Die Helligkeit des Tages, Lärm und Tätigkeit riefen das Bild des geliebten kraftvollen Kämpfers hervor. Aber im Halbschlaf sah sie ihn in seinem Strafbataillon, zum Skelett abgemagert, gequält und geschlagen. Sie sah ihn in dem Augenblick, in dem er von der Gestapo aus seinem Versteck geholt worden war (sie war nicht dabeigewesen), fühlte mit ihm den hämmernden Schreck im Herzen, den jeder empfand, auch der Tapferste, wenn diese Mörder zu ihm kamen, und sie sah die leichte resignierende Bewegung seiner Schultern, die sie so gut kannte: einmal mußte es ja kommen. Sie sah ihn in den ersten Reihen gegen den Feind, Maschinengewehre im Rücken, sah ihn in den Minenfeldern auf dem Boden kriechen, sie sah, wie er versuchte, zu den Freunden, den Russen, zu entkommen. Niemand hatte ihr sagen können, wie er gestorben war: beim Versuch zu fliehen, beim Angriff, oder ermordet von den fliehenden Nazis auf dem Rückweg.

„Bestien! Bestien!" stöhnte sie leise mitten in der Vorstellung, sie alle zu erwürgen, die an seinem Tode Schuld trugen. Alle Überlegungen des Tages schwanden, der aufgewühlte Schmerz warf die Hemmungen des Verstandes und der Menschenliebe nieder. Sie empfand alles als Lüge, was sie selbst täglich den verzweifelten Frauen sagte, daß es keine persönliche Rache geben dürfe, daß Trauer und Zorn eingeordnet werden müsse in einen gemeinsamen Kampf, um die Schlechtigkeit, den Krieg, den Betrug zu vernichten.

Schöne Worte, großartige Reden – aber waren sie wahr? Jetzt schien ihr diese ganze mühsame seelische Arbeit, aus dem eigenen Schicksal Trost und Hilfe für die anderen zu finden, verlogen und unsinnig. Die sanfte Christine war böse wie ein Werwolf, sie wollte sich rächen, sich und die anderen rächen, alle töten, die als Raubtiere in fremde Länder eingebrochen waren und die Besten vernichtet hatten, Kornauer und so viele andere. „Hoffentlich verlieren möglichst viele von ihnen ihre Beine, werden blind, verlieren alles, damit wir nicht allein leiden, damit sie sehen, wie weh das tut, damit sie sich's überlegen. Liebe allein genügt nicht, das Böse muß man hassen und mit dem Schwert vernichten, lehrt die Bibel." Sie schrie beinahe auf vor Zorn, vor Wut.

Dann beruhigte sie sich ein wenig, der Schmerz wurde matter. Halb schon im Traum bewegte sie etwas wie die Hoffnung, er sei nicht tot, die Hoffnung auf eine Wiedervereinigung im Jenseits, nicht geglaubt und dunkel abgewiesen, die Sehnsucht fortzugehen, zu ihm ins Grab, weil ohne ihn alles sinnlos schien.

Trotz der unruhigen Nacht stand sie pünktlich auf. Sie zog das Kind an, schickte den Großen zur Schule, nahm die kleine Nathalie mit sich in den Kindergarten. Dort war sie eine von vielen, deren Leben der Krieg verstümmelt hatte. Manche der Frauen hatten alles verloren, was sie liebten. Man mußte helfen. Man mußte die Kinder ernähren, die Jugendlichen aufklären. Man mußte helfen und trösten.

So gespalten, im hellsten Licht der Tätigkeit und mit allen Menschen verbunden bei Tag, im Halbdunkel mit ihrer Trauer bei Nacht, lebte Christine dahin.

5. Kapitel

„Kohle, Badewannen, Zucker, Kaffee, Eisenschrott, Gewerbescheine, Fensterscheiben, Staatsbürgerschaften."

Manche flüsterten leise, aber an den Nebentischen hörte man trotzdem jedes Wort. Nun, was weiter? Alle gehörten dem selben „Arbeitskreis" an, keiner würde dem anderen Geier die Augen auskratzen. – Grundner sah sich mit angewidertem Gesicht in dem Lokal um, das Keil ihm zugewiesen hatte. Elegante Herren in Schneideranzügen, andere in fettfleckigen, aufgeknöpften Röcken, unter denen die verschwitzten Hemden hervorsahen, banknotengefüllte Brieftaschen in weißen, gepflegten und in roten, groben Händen, dicke Zigarren in goldbesetzten Zahnreihen hängend, ausländische Zigaretten jeder Besatzungsnation, breite mondgesichtige, dünne spitznasige Geschäftemacher, Rauch, Hustenlärm, ein zischendes, summendes Geschrei, das klang wie das Heranfauchen von Flugzeugen …

„Es ist unappetitlich, natürlich, die ersten Male", sagte Keil, der ihn beobachtete. „Aber es ist nicht unappetitlicher als die Arbeit, die man dir bisher angeboten hat – oder der Schützengraben. – Hier ist es wenigstens warm", fügte er hinzu und öffnete den dicken Winterpelz, denn trotz der furchtbaren Kohlennot barst der große Eisenofen fast vor Hitze.

„Ich werde nie verstehen, wie diese Leute das machen", murmelte Grundner.

In der einen Ecke verhandelte jemand geschmuggelten Kaffee, gestohlene Möbel und Bettwäsche, einen Waggon Zucker, zurückgehalten von den Liebesgaben, die den hungernden Österreichern gesandt worden waren. In der anderen Ecke setzte der Verkäufer sofort das Geld in Dollar, oder in Leder oder Zement, was er ebenso schnell wieder verkaufen würde. Nach einer endlosen Kette von Verdienern erst würden die Waren dort ankommen, wo man sie brauchte und verwendete, wo sie nötig waren. Manches ging auch wieder ins Ausland und kehrte teurer zurück, während die Häuser verfielen, die Schuhe der Bevölkerung das Wasser durchließen und die Frauen in diesem furchtbar kalten Winter ohne Strümpfe gingen.

Grundner setzte sich an einen der schmutzigen Tische, die hier Bankräume und Geschäftslokale zugleich darstellten, hörte zu und sagte dann bescheiden: „Ein Waggon Schweineschmalz." Schweineschmalz war zu dieser Zeit Keils Spezialität, weil große Besitzer und Ausländer ausschließlich an ihn lieferten. Sofort wandten sich einige Gesichter ihm zu, der Handel war bald im Gange. Keil sah aus der Entfernung zu, bis Grundner zu ihm trat, um ihm die Angaben für die Ware zu übergeben.

„Sehr gut gemacht. Schau dich noch ein bißchen um, willst du?" sagte Keil wohlwollend, dann ging er fort.

Zwischen den behäbigen Geschäftemachern mit den Dollarnoten flitzten flinke Jungen mit langen Haaren, dicksohligen Schuhen, oft mit guten Gesichtern, auf denen die Schimmelflecke der Korruption sich eben erst auszubreiten begannen. Während sie in flotter, geschmeidiger Art anpriesen, übernahmen, vermittelten, versprachen, gingen ihre schnellen verschmitzten Augen lauernd über alle Tische. Die Mädchen, mit den Röcken hoch über den Knien, rauchend, mit wiegendem Gang, prima Nachkriegsware sie selber, schienen oft noch gerissener als die Jungen. Sie versuchten sowohl die Ware als auch die Verkäufer für sich selbst zu bekommen.

Wie jedes Racket, jede Gesellschaft zur Ausplünderung furchtsamer oder von der Not erdrückter Nebenmenschen, war auch dieses streng rayoniert, jedem Mitglied war seine Arbeitsstätte vorgeschrieben. Von seiner Tischrunde entdeckte Grundner nur Waltraut mit dem Maler Kilba unter den Anwesenden. Während Waltraut mit den Geschäftsleuten sprach, ging Kilba zwischen den Tischen herum, die Hände in den Taschen, die Augen halb zugekniffen, ganz außerhalb der gemeinen Umwelt, in der er sich befand. Als er Grundners ansichtig wurde, lud er ihn zu einem Whisky ein. „Sieh dir das an", sagte er. „Ich sammle Material. Wie Goya seinerzeit werde ich diesen Moment malen, diese Raubtiere und Leichenschänder, diese Hölle!"

Während sie sich unterhielten, zeichnete Kilba schnelle Schatten auf kleine Zettel, die er aus der Rocktasche zog. „Schau, wie er anklagend die Hände hebt – der Prophet, der Gott und die Heiligen beschwört. Der Preis scheint zu hoch zu sein. Oder dort, den Andreas Hofer mit dem Bart, wie er die Fäuste auf den Tisch haut, du glaubst, er ruft die Männer zur Freiheit auf. Schauderhaft, wie sie die großen Gesten großer Menschen mißbrauchen für ihre Geschäfte. Da kommt schon der Kellner."

In zerrissenem Gewand und verwaschener Schürze schlurfte dieser an den Tisch. „Nicht zeichnen", sagte er. „Es sind nur Hände", zeigte Keil. „Auch nicht, die Herren wollen das nicht." „Es sind ja nicht die Fingerabdrücke drauf", sagte Kilba lachend und steckte die Papiere ein. „Jedes Gesicht könnte ich auswendig zeichnen", sagte er zu Grundner.

Grundner wußte, daß Kilba bei Waltraut lebte. Sie hatte eine hübsche kleine Wohnung in einem von den Amerikanern besetzten Bezirk – das schuf eine gewisse Sicherheit. Alle diese kleinen Händler ohne hohe Beziehungen hatten immer Angst, eines Tages „aufzufliegen", wenn einmal eine Razzia kommandiert wurde. Es geschah selten. „Wenn sie uns nicht hätten, würde die halbe Bevölkerung verhungern", erklärte einer der großen Verkäufer, als man ihn nach einer Denunziation notgedrungen ins Verhör nahm. Die Behörden wußten, daß er recht hatte, sie konnten nichts ändern.

Waltraut war sehr geschickt in den Geschäften. Sie hatte sich die naive, halbechte kindliche Koketterie der kleinen Stars in schlechten Filmen angewöhnt, die den oft sehr primitiven gewichtigen ausländischen Aufkäufern gefiel. Es demütigte sie, daß Kilba alles das, was sie tat, haßte und verachtete. – „Spaß macht es mir ja auch nicht", beklagte sie sich bei Bella, „aber in jeder Liebes- oder Ehebeziehung muß einer der Praktische sein, sonst können beide betteln gehen." Sie war sehr froh, wenn Kilba sie begleitete, weil manche Käufer nicht nur zudringlich wurden, sondern auch grob und drohend, wenn sie abwehrte. Die österreichischen Schieber waren höflicher, eine Art Solidarität verband sie mit ihren Landsleuten, die ihnen so beflissen ihre Ware lieferten, denn sie mußten selbst die Unverschämtheiten von manchem dollarschweren Händler als unvermeidliches Requisit ihrer Geschäfte hinnehmen.

Waltraut betete Kilba an, sein Genie, seine Abwehr des Brutalen und des Alltäglichen und seinen Hochmut, die Bedürfnislosigkeit des exaltierten Künstlers. Sie machte sich selbst Vorwürfe, daß sie auf so gemeine Weise das Geld verdienen mußte, das sie beide brauchten, aber sie kannte keine andere Art, das Leben für ihn halbwegs erträglich zu machen, Obdach und Kohle zu beschaffen und mindestens genug Kaffee und Zigaretten, die er so dringend brauchte.

Jetzt ging Waltraut einige Male am Tisch vorbei, und endlich setzte sie sich schüchtern zu ihnen. Sie begrüßte Grundner weit unbefangener als ihren Geliebten. Der hörte auch sofort auf zu reden und versank in abwehrendes Schweigen. Sie errötete, man sah ihr an, daß sie sich am liebsten sofort zurückgezogen hätte. Sie hatte keine Angst vor ihm, aber ein schmerzhaftes Gefühl der Verzagtheit, weil er sich ihrer schämte.

Grundner, dem sie sehr leid tat, als sähe er ihre ganze enge, ergebene und geduldige Seele vor sich, sagte: „Ruh dich ein bißchen bei uns aus, Waltraut. Hast du viel machen können?" Sie wurde rot und sah an Kilba vorbei, der böse die Stirn runzelte. „Einiges, was Keil mir übergeben hat." Schnell lenkte sie vom Thema ab. „Und wie geht es dir? Komm doch einmal zu uns, Karl" – sie sah Kilba fragend an – „nicht wahr, Igo?"

Kilba nickte und sagte knapp, aber innerlich froh: „Ja, komm einmal. Und bald, ja? Schau dir meine Bilder an."

„Igo hat ein hübsches Studio", sagte Waltraut, befreit von ihrer Angst, Kilba zu mißfallen. Das Studio hatte sie selbst gefunden und mit eigenem Geld eingerichtet, aber sie dachte nicht daran, es als gemeinsamen Wohnraum zu betrachten. Es war Kilbas Studio und zeitweise wohnte sie bei ihm, aber immer sorgte sie für ihn. Sie nahm ihm auch nicht übel, wenn er sie manchmal kaum bemerkte und kein Wort zu ihr sprach.

Grundner nahm gerne an. Die beiden waren ihm sympathisch, und so viel verstand er ohne Bildung, daß Kilba ein wütender, besessener, wahrhaftiger Künstler war.

6. Kapitel

Am folgenden Tag schon brachte Grundner ein großes Eßpaket zu Sterner. Aus Mitleid, Freundschaft, Freude am Geben – aber er verbarg sich nicht, daß er durch diese eilige Gabe sein Gewissen bestechen und den Abgrund überbrücken wollte, der den Nutznießer des Elends von einem der Opfer trennt. Er war noch nicht abgehärtet, hatte noch nicht gelernt, sich zu belügen. „Reiner werden sie dadurch natürlich nicht, meine schmutzigen

Hände", sagte er sich aufrichtig. „Aber ich mache das doch nur so lange, bis ich genug Geld habe, um etwas zu lernen. Man hat mir ja sieben Jahre gestohlen – die Jahre, die jeder braucht, um einen Beruf zu lernen – und man hat mich aus dem einen Elend dort in das andere Elend hierher geschickt. Wartet nur, bis ich etwas kann – dann werde ich helfen, diese niederträchtige Welt zu ändern."

„So hat wenigstens Sterner etwas zu essen", beruhigte er sich ironisch.

Er fand Sterner noch magerer und bedrückter als früher auf dem zerrissenen Bett sitzend und eine alte Zeitung lesend. Das Erscheinen des Freundes rüttelte ihn auf, und beim Anblick von Butter und Schmalz, von Selchfleisch und Zigaretten, die Grundner vor ihn hinlegte, überzog sich sein vergrämtes Gesicht mit einem Schein von Freude. Grundners Herz zog sich zusammen vor Mitleid – aber gleichzeitig empfand er ein grausames Angstgefühl bei dem Gedanken, er könnte je wieder in dieses Leben zurückkehren müssen. Er setzte sich auf den wohlbekannten wackelnden Sessel und zündete sich und dem alten Kriegskameraden Zigaretten an. „Hast du Arbeit?" fragte er.

Sterner hatte sich zur Enttrümmerung gemeldet. Das war fast die einzige Arbeit, die man bekommen konnte, und die war schlecht genug bezahlt. Grundner hatte einige Male zugesehen. Oben auf den zerbrochenen Dächern der Häuser standen die Maurer, Männer und Frauen, und brachen Ziegel um Ziegel ab, schichteten sie aufeinander und transportierten sie in Eimern hinunter. Es gab in der Stadt kein Baumaterial, daher war jeder Ziegel eine Kostbarkeit und Mörtel fast unbezahlbar. Es gab auch keinerlei Maschinen und fast nirgends Gerüste. Es schien eine so sinnlose, unzureichende Arbeit in diesem Zeitalter der Technik, sie arbeiteten nicht anders als die Sklaven, die in Ägypten vor Tausenden von Jahren die Pyramiden erbaut hatten.

Sterner wurde lebhafter, während er aß und eine Zigarette nach der anderen rauchte. Er war unendlich froh, sich einmal aussprechen zu können und wunderte sich nur, daß der junge Kamerad Zeit hatte und sich die Mühe nahm zuzuhören. Die Frau zögerte die Scheidung hin und ebenso die Rückgabe der Habseligkeiten, die er vor dem Einrücken zurückgelassen hatte. Niemand war in das Zimmer eingewiesen worden, er war viel zuviel allein. „Ich bin froh darüber", sagte er, „sonst mache ich einen anderen auch unglücklich mit meiner Laune, und der will sich dann auch umbringen."

„Red keine Dummheiten, es wird schon besser werden, es wird alles besser werden", sagte Grundner. Er hatte bedrückt und beschämt zugehört. Er selbst hatte es zu etwas gebracht in den paar Wochen, er war aufgestiegen, wenn man das so nennen durfte, er hatte eine gute Wohnung, gutes Essen und gute Kleider. Die nicht verstanden zu betrügen, blieben auf derselben Stufe des Elends, vielleicht noch etwas niedriger.

Ehe er fortging, fragte er noch nach der Frau mit dem kleinen Buben, er habe auch für ihn etwas mitgebracht. Sterner wußte sofort, wen er meinte, und erzählte, daß sie Christine Gellner heiße, daß sie zwei Kinder habe, und daß ihr Mann in einem Strafbataillon zugrundegegangen sei. Er wußte viel Lobendes von ihr. „Eine brave Frau", sagte er, „sie ist noch ziemlich jung, man sieht es nicht, denn wenn die jungen Frauen Hunger haben, sehen sie auch alt aus." Grundner nickte, er dachte an die jungen Frauen in der Ukraine, die zahnlos und gebückt vor Hunger und Unglück in den zertrümmerten Häusern lebten.

„Da um die Ecke wohnt sie, Nr. 8", sagte Sterner, „wenn du ihr das bringen willst."

„Bitte, bring du es ihr hin", verlangte Grundner. „Ich bin ein Fremder, vielleicht nimmt sie es gar nicht von mir."

„Geh doch selbst, sie ist wirklich ein feiner Kerl."

„Nein, ich hab das nicht gern. Sie fragt vielleicht, woher ich es habe", dachte er.

„Ihr ist es sicher angenehmer, wenn du kommst."

Sterner lachte. „Der reine Kaiser Josef II., der verkleidete Wohltäter." Er bedankte sich noch einmal überschwenglich und begleitete Grundner bis auf die Gasse.

Mit dem warmen Gefühl, endlich eine gute Tat getan zu haben, schlief Grundner an diesem Abend ein. Er schwor sich, diese Menschen nicht zu vergessen, die so sehr litten und denen niemand half.

7. Kapitel

Frau Pfaller war eine einfache Frau mit wenig Bildung und viel Lebenskenntnis. Sie lebte geschieden von ihrem Mann, einem Metallwarenhändler, der ihr eine minimale Rente von seinem großen Einkommen zahlte.

„Aber mir ist es viel lieber, einen netten Mieter zu haben wie Sie es sind, als meinen eigenen Mann, der immer grob war und gar nicht bemerkt hat, wieviel Mühe ich mir gegeben habe und nur gemein geschimpft hat, wenn eine Kleinigkeit gefehlt hat. Wissen Sie, so ein großer, fescher, breiter Mensch, ohne einen Funken von Liebe oder Gefühl überhaupt, an dem immer irgendein Frauenzimmer hängt, meistens war sie verheiratet. Mit denen ist er ausgegangen, mir hat er die Groschen nachgezählt, und wenn er schlecht gelaunt war, hat er das ganze Frühstück auf die Erde geschmissen."

Grundner rauchte eine Zigarette und hörte zu.

„Ich habe mich eigentlich immer vor ihm gefürchtet", sagte Frau Pfaller, „natürlich habe ich geweint, als er plötzlich auszog und die Scheidung wollte – man fühlt sich so weggeworfen, so gekränkt, und viel Selbstwertgefühl habe ich nie gehabt, bei ihm schon gar nicht."

Frau Pfaller, in ihrer Mischung von Burschikosität, mütterlicher Dienstfertigkeit und Hingabe, war gleich in den jungen, höflichen Mieter ein wenig verliebt. Sie war eine lustige Frau und eine Freundin sehr gewagter Witze, gefällig, aber nicht im geringsten kriecherisch – das war sie nur ihrem Mann gegenüber gewesen. Sie handelte mit den Amerikanern, ließ sich von den Russen Säcke voll Schmalz, Speck und Fleisch geben für Uhren, Kugelschreiber und ähnliche kleine Bequemlichkeiten der Zivilisation, die das verwüstete russische Land jetzt nicht erzeugen konnte. Jetzt war sie in ihrem Element, es machte ihr Vergnügen zu handeln, zu lächeln, pfiffig und witzig zu sein und gute Bedingungen zu erreichen.

Bei ihr verkehrte eine, was Herkunft und frühere Lebensumstände betraf, sehr gemischte Gesellschaft, aber sie war geeint in dem Wunsch, Bomben und Not zu vergessen und schnell reich zu werden. Hier saßen Witwen und geschiedene Frauen, von Pensionen oder Alimenten lebend. Sie alle vermittelten kleine Geschäfte, waren auf der Suche nach Provisionen, für Meissner Porzellan, Miniaturen und andere Kostbarkeiten, die von verarmten Familien verkauft wurden. Zu diesem kleinen Abklatsch von Vermittlern und Schwarzhändlern gesellten sich an üppigen Abenden reiche Ausländer und österreichische Grundbesitzer, welche die ruhige Wohnung ihren beobachteten Hotelzimmern und den öffentlichen Lokalen vorzogen.

Keil kam hie und da, lebemännisch, gönnerisch, er schmeichelte, küßte die Hände, sein Bankkonto in Dollar war schon recht ansehnlich dank den jungen Leuten, die er beschäftigte und als deren Mäzen er sich fühlte. Grundner hatte bald entdeckt, wie mächtig Keil war. Er hatte überall Beziehungen, telefonierte nach New York und Paris und kannte die Zollämter und

Behörden gut genug, um seine Waggons ungehindert einführen zu können. Er war schon etwas beleibter geworden und sein Gesicht, flacher und schwammiger als früher, glich ein wenig dem der wohlgenährten Händler aus dem nahen und fernen Ausland, mit denen er in den Kaffeehäusern zusammensaß. Grundner betrachtete er übrigens als besten Freund, dem gegenüber er sich vollständig aufrichtig gab. Auch Grundner war ihm wirklich zugetan, ihm gefiel immer wieder Keils gemütlicher Zynismus, die offene Selbstironie und die bedenkenlose Großzügigkeit, die bei ihm, einem so guten Geschäftsmann, eine ungewöhnliche Eigenschaft war.

Sehr häufig suchte ihn Bella auf und, wenn er nicht zuhause war, half sie Frau Pfaller in der Küche und bei den Gästen. Nach anfänglicher Abwehr hatte diese sie sehr ins Herz geschlossen, voll von zärtlichem Mitleid mit diesem armen, verlorenen, so unendlich süßen und liebevollen Geschöpf. Ihr, die gut fragen konnte, erzählte Bella aus ihrem Leben – wer wußte denn etwas von ihr? Ihr Vaterhaus war ein Männerhaus, in dem die Frauen nicht viel zu sagen hatten und nichts bedeuteten. Der Bruder wurde Offizier, der Vater, früher ein kleiner Industrieller, wurde reich, als die Nationalsozialisten kamen. Sie sah ihn selten, hatte Angst vor ihm ebenso wie die Mutter und versuchte nur in ihren Träumen, sich ihm entgegenzustellen und sich zu rächen. Oft dachte sie auch daran zu sterben, um ihn zu kränken, aber im Innersten wußte sie, daß er sie bald vergessen würde – ebenso wie er an seine Frau nicht dachte. Er hatte Frauen genug und einen großen, durch Oberflächlichkeit und innere Roheit fest gestützten Glauben an sich selbst.

Bella war prädestiniert sich zu fügen, klein, zart, träumerisch mit kindlichem Schutzbedürfnis. Im ersten Kriegsjahr starb die Mutter, und Bella lebte in der Umwelt des Vaters. Sie kannte viele Menschen, man war immer verliebt in sie, lachte sie ein wenig aus wegen ihrer Ängstlichkeit und Schüchternheit, ließ sie gewähren und erfüllte ihre kleinen und bescheidenen Wünsche. Nichts zog sie damals zu den Männern als die Angst und das Bedürfnis nach Schutz, das des Vaters überheblicher stupider Konservatismus ihr anerzogen hatte.

Alles das erzählte sie aus ihrem Leben, ohne Scham oder Gewissensbisse wegen ihrer vielen Abenteuer. Nur vom Kokain wollte sie nicht sprechen. Wenn Frau Pfaller danach fragte, verfiel ihr kleines Gesicht, wurde böse, runzelten sich die Brauen und sie versank in hartnäckiges Schweigen, kam dann auch tagelang nicht mehr ins Haus.

„Sie fürchtet, daß Sie ihr eine Entwöhnungskur vorschlagen", erklärte Woltra. „Ich habe vor einem Jahr ein paar Mal davon geredet, da lief sie mir davon. Und sie kam erst zurück, als ich versprach, nicht mehr davon zu reden."

Tatsächlich hatte Bella die größte Angst davor, daß man sie zwingen könnte, sich des Giftes zu entwöhnen. Sie war heimlich dem amerikanischen Offizier noch immer dankbar, der es ihr gegeben hatte. Die hohen, gespannten, die weiten, die schrecklichen Steigerungen des Rausches gaben ihr zum ersten Mal die Gefühle des wirklichen Lebens, von denen sie in den Büchern las. Zum ersten Mal spürte sie Fröhlichkeit, erotische Leidenschaft, die Angst war weg, und sie empfand, solange es wirkte, Tollkühnheit, Lebenslust und Kraft, die Welt zu ertragen, vor der sie sich immer gefürchtet hatte. Daß das Kokain nicht ausging, dafür sorgten die Freunde, und seit sie bei Woltra war, arbeitete er doppelt, um sie verwöhnen zu können.

Hier im Hause aber war sie glücklich wie noch nie.

Woltra kam selten mit ihr. Die Liebe zu Bella verzehrte seinen kühlen zynisch-realistischen Verstand. Er schlief schlecht, wenn er daran dachte, mit welch hilfloser Hoffnung sich seine Freundin an Grundner klammerte. Aber vielleicht, wenn es ihnen gelang – dem Grundner und dieser komischen Frau Pfaller – sie zu beeinflussen, daß sie eine Entwöhnungskur machte…

Bella würde vielleicht nicht mehr so überirdisch zart, so leidenschaftlich und begehrenswert sein, aber vielleicht würde sie ihn sogar heiraten und bei ihm bleiben, wenn sie geheilt war.

8. Kapitel

Grundners Leben glich jetzt dem der Märchenprinzen, wie er es sich in den sparsamen Verhältnissen seiner Kindheit vorgestellt hatte. Er war von Freunden umgeben, von Frau Pfaller umsorgt, von Keils gewinnbringender Freundschaft beschützt und völlig frei von den furchtbaren Sorgen, die so viele seiner Mitbürger zur Verzweiflung und oft zum Selbstmord trieben.

Im Geschäft hatte er viel Erfolg. Noch schmal, noch nicht schlaff wie so viele der reichen Geschäftsleute, die zu üppig aßen und lebten, gefiel er vor allem den Frauen. Eine Anzahl Kundinnen waren zu ihm übergelaufen, und sie zahlten gut. Er hatte schnell das verbindliche Lächeln und die guten Manieren gelernt, die in seinem Beruf notwendig waren, und er verdiente viel Geld, dessen Quelle er allerdings oft mit Schuldgefühl und Widerwillen betrachtete.

Geschäft und Betriebsamkeit hielten ihn nicht davon ab, das Leben zu genießen, wie alle andern seines Kreises es taten. Keil hatte an jenem ersten Abend recht gehabt mit der Voraussage, daß Grundner seine Schüchternheit bald verlieren werde. In dem stürmischen Rausch von Jugend, Freiheit und Reichtum wurden die Dämme der kindlichen Angst und Zurückhaltung bald weggerissen, um so eiliger, weil auch von außen die Welt kräftig an ihnen rüttelte. In der lebensgierigen Meute junger Menschen, die der Tod erschreckt hatte, herrschte wie nach jedem Krieg eine zügellose sexuelle Offenheit. Das zwang den jungen und noch gar nicht festen Neuling dazu, eine eben solche Unbefangenheit zu beweisen, wollte er sich nicht lächerlich machen und nicht hinter ihnen zurückstehen. Aber vor allem waren die Versuchungen zu groß. Der junge Mensch mit magerem Gesicht, braunen ehrlichen Augen und einem noch immer verbissenen traurigen Mund, der wenig in diese Händler- und Schmarotzergesellschaft paßte, war umworben von Frauen, die sich in diese seltenen Tugenden zärtlich, romantisch und oft mütterlich verliebten – Hände, welche die seinen berührten, schmale entschuhte Füße, die sich unter den Tischen an ihn schmiegten, nackte Schultern und von dünner Seide bedeckte Hüften, die sich an ihn lehnten, decolletierte Brüste, die seine Augen reizten – und gar kein Grund war vorhanden, sich zurückzuhalten.

Nach „Arbeitsschluß" begannen die Vergnügungen. Die kleine Rotte von Freunden und Freundinnen durchstrich lärmend die entvölkerten nächtlichen Straßen, man sang, tanzte, spielte in prächtigen Lokalen oder in den der Polizei unzugänglichen privaten Villen und Wohnungen der ausländischen Beschützer.

In jugendlicher Solidarität nahmen sie oft einige der jungen Männer und Mädchen mit, die ihr Geschäft auf den Straßen suchten. Von den jungen Leuten, die am äußeren Rande des Gehsteiges auf und ab gingen – dicke Kreppsohlen an den Schuhen, lange Haare, geschmeidige Körper – waren manche ihre Kameraden gewesen. Auch für diese war die Heimkehr in das zerstörte hungernde Land eine zu harte Probe gewesen. Die Heimat hatte keine Verwendung für die Massen der von den Schlachtfeldern hereinströmenden Jugendlichen, es gab für sie keine Wohnung, kein Geld, keine richtige Arbeit. Aber die Arbeit der hübschen jungen Leute wurde von manchem Wohltäter angefordert und gut bezahlt. In den engeren und dunkleren Straßen standen die geputzten Mädchen – es war eine reinliche Trennung des Straßenverkaufes. Weiße gepuderte Haut, breitgemalter roter Mund, wiegende Schritte, lockende Augen, die einen wie die anderen. Geld gab es in Fülle – für Ware, für Geschlechtsverkehr, für Denunziation und für Spionage.

Wenn Grundner in den frühen Morgenstunden nach Hause kam, war er kaum müde. Ein paar Stunden tiefen Schlafes, ein Bad, ein reiches Frühstück, liebevoll aus Frau Pfallers Vorräten zubereitet, genügten seiner Jugend, das Leben der vorherigen Tage wieder aufzunehmen. „Sie werden sich zugrunde richten", sagte Frau Pfaller besorgt, „so viel arbeiten und denken und kein Schlaf und keine Ruhe."

Sie suchte eifrig in seiner Umgebung eine Freundin für ihn. „Sie dürfen es nicht so machen wie ihr Freund Keil", sagte sie. „Ihn kenne ich, er will sich nicht binden und Abwechslung haben, alles bequem vorgerichtet und im Geleise, damit keine Scherereien herauskommen können. Er will seine Witze machen, das kann er gut, und sicher vor Kritik sein. Er läßt sich nicht gerne auf die Finger sehen und kritisieren. So jemand kann nur in Bordellen liegen", setzte sie hinzu. Und alle drei, die bei ihr saßen, Grundner, Alley und Kilba, waren peinlich berührt und gleichzeitig belustigt. Sie war scharfsichtig in der Beurteilung der Menschen und vor allem, wie viele neugierige und sinnliche Frauen, in der Beurteilung der sexuellen Charaktere. Sie hätte gern, wenn Grundner nicht abgewehrt hätte, noch einige Scharfsichtigkeiten in bezug auf Keil geäußert.

Ebenso frei und offenherzig, wie sie von ihren eigenen Ehe-angelegenheiten sprach und von denen ihrer gemeinsamen Bekannten, ebenso sachlich erörterte sie auch deutlich die kör-perlichen wie die geistigen und seelischen Vor- und Nachteile der Frauen, die sich um Grundner bemühten.

„Diese reifen Frauen sind nichts für Sie", erklärte sie, „und auch die Bella nicht. Die schmilzt ja, wenn Sie sie ansehen! So verliebte Mädchen werden einem ohnmächtig unter den Händen. Und außerdem weiß man zuletzt nicht, ob das Mädel und ihr Temperament so heiß ist oder das Kokain. Sie brauchen ein feines lustiges junges ernstes Mädel. Sie sind ja selbst so jung und ernst."

Kilba begann heftig zu lachen. „Natürlich ein rührender Jüngling, dieser Mann der Geschäfte und der Frauen!" – und sofort zeichnete er ein naives Knabengesicht mit großen Augen und rundem Mund, in dem schon Züge von Keils schlau-gemütlicher Wachsamkeit eingestrichelt waren, und zu seinen Füßen Schatten und Scharen von Frauen mit eleganten Reisetaschen, aus denen Kohle und Schreibmaschinen in abstrakten Formationen herausquollen. Es sah nicht aus wie eine Karikatur – es war ein gutes Porträt mit Nebengedanken. Frau Pfaller sah Grundner an, der – die Zigarette weit von sich weghaltend – mit halboffenem Mund auf das Porträt starrte.

„Sie sind wirklich boshaft, Herr Kilba", sagte sie zornig. Kilba betrachtete abwechselnd die Zeichnung und Grundner. „Was für eine monströse Anklage", sagte er. „Ihr müßt nicht böse deswegen sein. Selbsterkenntnis ist der erste Schritt und so weiter. Ich mache es verkehrt, ich warte nicht auf den Verfall, sondern ich zeichne schon jetzt den Dorian Gray der späteren Zeit – wenn Sie das Buch von Oscar Wilde kennen, Frau Pfaller."

Er zerriß die Zeichnung und ging zur Tür. „Lebt wohl, ihr Dollarkönige! Ihr macht es auch nicht schlechter als die Plünderer im Kriege."

Kilba war jetzt fast immer wütend, und seine Bosheit war entsetzlich. Er hatte immer die Absicht, sich von Waltraut zu trennen und tat es nicht, nicht nur weil sie ihn so liebte. Aber vielleicht kam noch mehr Not, und ohne Kaffee konnte er nicht leben. Seine Schnellzeichnungen in den Kaffeehäusern wurden oft zurückgewiesen, weil niemand schließlich gern die eigenen verheimlichten gemeinen Gedanken und Berechnungen entdeckt, den Neid, die Dummheit, die Geldgier, die sich in diesen aufrichtigen Skizzen darstellten. Frauen zeichnete er nicht gerne.

Er war zu mitleidig, um alles das auszudrücken, was er hinter ihren bemalten Gesichtern und posierenden Blicken erkannte.

Keil kam mit Grundner und Strom, der sein Sekretär geworden war, aus dem Hotel Sacher, wo er mit ausländischen Geschäftsfreunden konferiert hatte. Die Helligkeit des sonnigen, etwas windigen, etwas feuchten Augusttages erzeugte in ihm nach der kühlen Dämmerung des großen Hauses eine Art aufregender Verwunderung. Er blieb stehen und sah sich um, als hätte er unerwartet eine lange nicht gesehene Welt wiederentdeckt, die hinter den ausgeklügelten Rechnungen und den unabdinglichen Grundsätzen der realen Geschäftstätigkeit verschwunden gewesen war.

„Wir haben noch etwas Zeit, wir könnten ein Stückerl zu Fuß gehen", sagte er, „bitte, Strom, sagen Sie dem Chauffeur, er soll uns am oberen Ende des Stadtparkes erwarten."

Die Stadt hatte etwas von ihrem armseligen düsteren Aussehen verloren. Manche Trümmerhaufen waren vom Straßenpflaster in die leeren offenen Fundamente der vernichteten Häuser geräumt worden, ein schüchterner Hoffnungsschein von Wiederaufbau glänzte über den Ruinen. Das große Chaos der letzten zwei Jahre war etwas gelichtet, und auch der Hunger, die furchtbarste Plage dieser Jahre, war irgendwie stabilisiert, weil Wohlfahrtseinrichtungen, Werksküchen und Spenden aus dem Ausland die Not etwas minderten. Unter den Bäumen der Ringstraße, die sich schon von Rauch, Brand und Geschützdampf erholt hatten, sah die Welt nicht mehr so hart aus.

„Gott sei Dank, es geht überall etwas besser", sagte Keil, zufrieden aufatmend. „Es wird einem wirklich das Herz leichter. Findest du nicht, daß die Menschen schon besser aussehen, Karl?" Er liebte Österreich fast so sehr wie seinen Vater – wenn seine Vaterlandsliebe auch größere Erträge abwarf.

Grundner, der wie immer an ferne und aufregende Dinge dachte, wenn er sich nicht auf Geschäfte konzentrieren mußte, sah die Leute an, die sich auf den Bänken wärmten, und die besseren Leute, hellfarbig gekleidete Herren und dicke Damen mit durchsichtigen Strümpfen, zu kurzen Kleidern und mit infolge der hohen Absätze lächerlichem Gang, die zur Fünf-Uhr-Jause in den Kursalon des Stadtparkes spazierten. „Noch ziemlich unterschiedlich", sagte er.

„Aber es geht aufwärts, das müßt ihr gerechterweise zugeben", protestierte Keil.

„Es könnt viel schneller aufwärts gehen, wirst du gerechterweise zugeben", antwortete Strom, „wenn nicht wir wären und die ‚über uns', womit ich nicht Engel im Himmel meine."

„Naja", sagte Keil mißmutig, „du mußt uns das nicht immer ins Gesicht schleudern. Sind wir es nicht, so sind es andere, das weißt du auch. Irgendeiner macht es immer. Wir sind ohnehin nur arme Hunde gegen ‚die da oben', wie du sie nennst. Aber wir sind eben von ihnen abhängig. Schließlich haben wir den Krieg verloren, und wer verliert, muß zahlen, das ist ein uraltes Gesetz."

„Das war auch unsere Ausrede im Krieg", sagte Grundner, „aber das Volk zahlt, nicht wir."

„Bitte, werd nur nicht politisch, Karl, das verträgt das Geschäft nicht."

„Politisch! Davon hab ich genug gehabt. Ich rede mit keinem Menschen mehr ein Wort, der von Politik spricht." In schweigender Verstimmung stiegen sie ein.

Keil versuchte ein freundliches Gespräch.

„Ich freue mich auf heute Abend", sagte er. „Wir waren eigentlich schon lange nicht so unter uns. Ein ruhiger gemütlicher Abend und keine Ausländer."

„Ethel und Dolly kommen, und Alley."

„Ausländische Mädchen stören nicht – sie sind uns ebenso lieb wie die unsrigen. Und Alley – der spricht und schreibt ja besser deutsch als viele Österreicher. Ich kann mir nicht denken, daß er nicht von eingewanderten Deutschen stammt, wenn er es auch jetzt nicht zugeben will wie die meisten Amerikaner."

„Er hat Germanistik studiert", sagte Grundner, „und er war auch in Wien an der Universität. Und während des Krieges hat er sich auf seine spätere Arbeit als Journalist in Deutschland vorbereitet."

„Du scheinst viel mit ihm beisammen zu sein?"

„Ich lerne bei ihm mehr Englisch als bei meinem Lehrer", antwortete Grundner vergnügt, denn er mußte schnell Englisch lernen, weil die meisten Geschäftspartner Keils Amerikaner waren. „Und ich habe ihn wirklich gern."

„Aber den Geschäftsjargon unserer Kunden lernst du doch kaum bei ihm?" fragte Strom, der sich oft über die Geschicklichkeit Grundners im Verkehr mit ihnen gewundert hatte.

„Doch, er beherrscht auch diese Sparte der Gegenwartsliteratur ausgezeichnet."

Alle drei lachten.

Die Villa, die Keil sich gekauft hatte, lag in einem Stadtteil, der wenig durch Bomben gelitten hatte, weil es hier keine Fabriken und Bahnhöfe gab. Ein schönes Haus, fast ein kleines Palais, vom Architekten augenscheinlich in vager Erinnerung an den Stil des Barock entworfen, umgeben von einem großen, ziemlich verwilderten Garten. Die Bewohner waren im unseligen Jahr 1938 fortgeschleppt worden, und jene, die sich dadurch hatten einsiedeln können, waren beim Einmarsch der Russen in den Westen geflohen. Das Haus hatte eine breite Einfahrt, zwei schöne, halbrund geschwungene Freistiegen führten zur Eingangshalle. Einige der jungen Gäste warteten schon im Garten.

9. Kapitel

An einem trüben Morgen, nach steinernem trunkenen Tiefschlaf durch viele Stunden, erwachte Grundner mit Alkoholgeschmack im trockenen Mund und Lebensüberdruß im Gemüt. Dies ist die Seelenlage, in der Gewissensbisse, Selbstbeschimpfungen und gute Vorsätze sich aus der Tiefe des Bewußtseins lösen und in die geordneten Bezirke der täglichen Geschäfte emporstoßen. Sie stören die präzis gesteuerten Züge der Arbeitseinteilung, werfen Bremsklötze oder mindestens Steine in die Gedankenbahnen und schieben Gefühle in für das Geschäft störende Gebiete.

„Ich muß Sterner aufsuchen", war der erste klare Gedanke, der nach dem Aufwachen diese Tiefe in Aufruhr brachte. Er hatte seit jenem ersten Besuch mehrere Male Boten mit Lebensmitteln und Geld an ihn und die Mutter seines kleinen Freundes geschickt, aber er selbst hatte ihn nicht mehr besucht. Es ist leichter, am Unglück der anderen vorbeizusehen, wenn nicht die eigenen Augen davon zeugen, sondern nur eine flüchtige, schnell verscheuchte Erinnerung. Wer sich durch Mitleiden, und Grundner war mitleidend, in eine falsche Denkrichtung drängen läßt, kann nicht unbeirrt den Geschäften nachgehen, die er, wie er sich immer wieder selbst beteuerte, nur ertrug, um später seinen eigentlichen Lebenszielen folgen zu können.

„Heute fahre ich hinaus, heute bestimmt." Er zog den Schlafrock an, läutete und bat Frau Pfaller um einen besonders heißen, besonders reichlichen und starken Kaffee. Am Schreibtisch sitzend, versuchte er festzustellen, welche halbe Stunde seiner überbesetzten Zeit er fortnehmen könnte, um diesen Besuch zu machen. Er hatte zuviel zu tun – diese Art von Geschäftsleuten arbeitet nicht nur acht, sondern oft sechzehn und achtzehn Stunden, weil jede ihrer Arbeitsstunden mit Gold aufgewogen wird. Von diesen Zwangsarbeitern der Geldgier und des Geizes wollte keiner etwas versäumen, da ja niemand wußte, wie lange die Konjunktur anhalten würde. Und Grundner, der für Keil und zu zwanzig Prozent für sich selbst arbeitete, fühlte sich seinem jetzigen Arbeitgeber gegenüber nicht weniger verpflichtet, als früher dem Lehrherren und später dem Unteroffizier, denn Pflichttreue wird den unteren Klassen anerzogen.

Grundner war zerstreut und ungeduldig, er konnte sich in seinen Notizen nicht zurechtfinden, und schließlich schob er die Papiere so heftig weg, daß sie über den Rand des Schreibtisches hinunterflogen. „Ich fahre sofort", sagte er.

Er badete, rasierte sich und erbat von Frau Pfaller etwas von ihren Vorräten (die er selbst ihr geschenkt hatte), er müsse sofort jemandem helfen. Frau Pfaller sah ihn gerührt und schwärmerisch an – so tüchtig, so gutherzig, so hübsch! Grundner suchte einen älteren Anzug hervor, nahm sein umfangreiches Paket und fuhr mit dem Wagen bis an die Grenze des zehnten Bezirkes. Der Chauffeur mußte den Wagen zurückführen, er selbst ging zu Fuß weiter.

Ihm schien die ganze Gegend noch häßlicher und elender als früher, obgleich es Spätsommer war und Gras und Wiesenblumen die Trümmerhaufen, die unverändert dalagen, mit dem glücklichen Schimmer der Wildnis und dem Glanz von Gras und Unkraut verschönten. Er setzte sich für einige Minuten auf eine der spärlichen Bänke – die meisten waren gestohlen und im strengen Winter als Brennholz verwendet worden, ebenso wie die Stiegengeländer aus den Häusern und die Balkenreste aus den Bombenruinen.

Zum ersten Mal wurde er heute wieder der Sonne, der Stille der Vorstadt und vor allem des Lebens der Menschen gewahr, die man in den Krieg gestoßen hatte und um die man sich nicht mehr kümmerte. Vor der Kirche spielten Kinder, noch immer mager, gelb und schüchtern. Auf den Bänken saßen Frauen, strickend, flickend, mit tiefen Falten in den Wangen, so daß sie alle alt aussahen. In seinem Beruf hatte er fast vergessen, daß es Arme gab – der Schmutz der Lokale, in denen er handelte, war ein wohlhabender Schmutz, hinter dessen Kruste sich Goldschätze verbargen.

Als er an der verschlossenen Tür von Sterners Wohnung klopfte, kam ein Nachbar heraus. „Der Sterner ist gestorben", sagte er.

„An was?" fragte Grundner heftig erschrocken.

„Er hat sich erhängt."

Herzklopfen und Zittern befielen Grundner. „Warum, um Gottes Willen?" fragte er. Andere Nachbarn waren herausgekommen.

„Er war ein so armer Kerl, es ist besser für ihn", sagte einer. „Er war immer allein und nichts ist vorwärtsgegangen."

„Er ist trübsinnig geworden", sagte ein anderer.

Grundner stiegen die Tränen in die Augen, wie einem Kinde. „Danke", sagte er, wandte sich ab und ging zum Haus Nr. 8.

Frau Gellner war zuhause mit ihrer kleinen Tochter, da sie Nachmittagsdienst hatte. Sie begrüßte Grundner mit einfacher Traurigkeit, mitfühlend mit dem Freund ihres Freundes Sterner, dem sie, so gut es ging, beigestanden war, indem sie kleine Angelegenheiten für ihn erledigte. Wäsche, Flicken und Besorgung der rationierten Lebensmittel, wenn er krank war. Sie forderte den Gast auf, sich niederzusetzen.

„Er hat keine Arbeit mehr gehabt", antwortete sie auf Grundners Fragen. „Oder vielleicht hat er auch keine mehr gesucht. So ein guter Mensch, der jedem geholfen hat, wenn es ihm möglich war! Er war so gut zu den Kindern und sehr oft ist er herübergekommen am Abend, wenn sie allein waren. So ein armer Mensch!"

Sie hatte Tränen in den Augen und schluckte, weil ihre Stimme zu zittern begann. Sie hatte ihn noch am Abend vor seinem Selbstmord gesehen – gebückt, schlotternd, über Steine stolpernd, so daß sie glaubte, er habe zuviel von dem Rum getrunken, den er von Grundner bekommen hatte.

„Er hat selten getrunken", setzte sie hinzu, „er hat Magenweh bekommen vom Alkohol." „Ich hätte mich mehr um ihn kümmern sollen", sagte Grundner tief erschüttert.

„Sie hatten doch sehr viel für ihn getan, er war Ihnen so dankbar. Und ich auch – Sie haben uns so viel geholfen, uns und unserem Kinderhort mit seinem armseligen Essen."

Nathalie sah nicht schlecht aus, aber Christine war nicht weniger dünn als früher.

„Ich kann nicht viel essen", erklärte sie, „hier" – sie hatte sich am Herd zu schaffen gemacht – „etwas von dem Kaffee, den wir Ihnen verdanken. Ich glaube, der hat mich aufrecht erhalten bei der vielen Arbeit und dem vielen Elend."

Trotz seiner tiefen Betrübnis fühlte Grundner eine sanfte tiefe Ruhe, während er Christine zusah, die ihm gegenüber mit einer Stopfarbeit saß, mit Schürze, glattem Haar, stiller Stimme, mit dem lieben einfachen guten Gesicht, das ihn an seine Mutter erinnerte. Nur daß sie ihm natürlich viel jünger erschien, ganz jung trotz den verstreuten grauen Haaren und den Hungerfurchen im Gesicht. Auch die Wohnung der Eltern war ähnlich gewesen: rein, hell, behaglich trotz der Enge, mit dem weißgeriebenen Küchentisch, an dem sie Kaffee tranken. Nathalie spielte auf der Türschwelle mit alten Tüchern, die sie zu einer Puppe zusammenband – es war die alte, so lang entbehrte Heimat, die kleine Schwester, die früh verstorben war, die Atmosphäre des Fleißes, der Dürftigkeit, des Stolzes und der leisen geduldigen Gespräche von Vater und Mutter.

Christine fragte ihn vorsichtig aus – nicht nach der Gegenwart, denn die mitgebrachten Geschenke sagten genug über seine derzeitige Beschäftigung – sondern über die Zeiten seiner Jugend. Zum ersten Mal, seit ihn die Nationalsozialisten mit sechzehn Jahren in die Schule genommen hatten, konnte er

wieder frei sprechen, ohne Angst, ohne zwiespältige Verheim-
lichungen und widerspenstiges Schamgefühl. Denn von da an
waren die herzlichen Abende im Elternhaus seltener geworden.
Die Eltern vermieden die Gespräche über seine Erlebnisse und
Tätigkeiten, sie waren immer müde und schweigsam. Auch als
er vor dem Marsch nach Osten aus Frankreich auf Urlaub kam,
verbarg die Mutter ihre Angst und ihre Tränen – nicht aus jenem
lügenhaften Heldenstolz, den man von ihr verlangte, sondern
weil hinter des Knaben Soldatenmut eine traurige, zerknirschte
Ungläubigkeit zu spüren war, als begriffe er schon, welchem
betrügerischen Ideal seine junge Zukunft und die Schönheit sei-
nes eigenen Lebens geopfert werde.

„Das habe ich erst viel später verstanden, warum sie so
zurückhaltend war. Damals hat es mich sehr gekränkt“, sagte
Grundner. „Aber womit hätte sie mich trösten können? Hätte
ich zu weinen oder zu reden angefangen, so wäre ich desertiert.
Es war mir alles schon so grauenhaft, so schrecklich grauen-
haft, wie wir in Frankreich gehaust haben – und wie uns die
Menschen dort angeschaut haben, oder von uns weggeschaut
haben, weil sie ja nicht haben ausspucken dürfen.“

Grundner erzählte und erzählte, er vergaß die Zeit, seine
Verabredungen, sein neues Leben. Die Front mit ihren
Schrecken, die Gefangenschaft mit Hunger, fremder Sprache,
fremder Art, die Rückkehr, die Verlassenheit, der schreckliche
Anblick der Heimat – und die Nachricht vom Tode der Eltern.

Christine hörte zu, wie sie vielen Menschen seit Jahren zu-
gehört hatte, immer von neuem erfüllt von Mitleid, Zorn und
Kränkung, daß sie alle so ohnmächtig gegen die Gewalt und
den Betrug der Schuldigen blieben. Erst als der Bub aus der
Schule kam, erwachte Grundner aus dem hypnotischen Zwang
seiner Erinnerungen, die die heimische Umgebung hervorgerufen
hatte. Er sprang auf, rot vor Verlegenheit. „Ich weiß nicht, warum
ich auf einmal so viel geredet habe, sind Sie mir nicht böse!“

„Ich bin froh, daß ich Sie besser kennengelernt habe. Sterner, der arme tote Sterner, hat von Ihnen nur gewußt, daß Sie ein guter Mensch sind."

„Darf ich bald wiederkommen? – Ich bin Ihnen so dankbar…" – Er hielt die Hand des Buben fest statt der Christines, sagte auf Wiedersehen und rannte den langen Weg zu Fuß zurück, weil es ja keine Fahrzeuge gab.

10. Kapitel

„Wollen Sie nicht mitkommen? Ich muß in drei Tagen nach Salzburg fahren", sagte Alley eines Tages unlustig zu Grundner.

„Nach Salzburg? Ja, kann ich denn das?"

„Ich könnte es erreichen, Sie mitzunehmen. Wir bleiben vier bis fünf Tage. Allerdings muß ich Sie dort meistens alleinlassen."

„Herrgott, wenn das möglich wäre", sagte Grundner, fast atemlos vor Aufregung.

„Gut, am Sonntag fahren wir! Und übrigens, wir könnten uns Du sagen, wie es bei euch üblich ist. Wenn's Ihnen recht ist, natürlich. Euer Sie ist zu gespreizt. Unser You – das geht an, da ist man eben jedes Menschen Freund – wir differenzieren unsere Beziehungen erst später nach dem Einkommen. Einverstanden?"

„Danke. Ich danke dir sehr, ich bin sehr stolz darauf. Und mitnehmen willst du mich auch, danke sehr für so viel Freundschaft." Er stotterte ein wenig mit seiner gerührten Stimme, die mit Tränen kämpfte.

Keil wollte ihm einige Aufträge mitgeben. „Kommt nicht in Betracht", sagte Joe Alley plötzlich wieder steif, auf Englisch. „Das ist ein Urlaub. Keine Aufträge!"

„Aber wie kann das ein guter Geschäftsmann aushalten?" fragte Keil lachend, „Geld, das auf der Straße liegt, nicht aufheben? Er kann Tausende verdienen, wenn er selbst mit den Leuten spricht."

„Willst du es?" fragte Alley. Keil sah erstaunt auf und lächelte dann. „Auf lange gute Freundschaft, Ihr Duzbrüder. Prost!" sagte er und hob sein Glas.

„Richtig, wir haben noch gar nicht Brüderschaft getrunken", fiel es Alley ein. „Wir haben uns mitten auf der Straße verbrüdert, ohne Feierlichkeit. Dieses Häslein wird ja von mir in die weite Welt eingeführt."

„Das ist ja wahr", Grundner wurde nachdenklich. „Ich war nur in Frankreich, Deutschland und Rußland und in allen dazwischen liegenden Ländern, aber in Salzburg war ich nie. Dazu hat es in meiner Jugend nie gereicht."

„Armer Weltreisender", sagte Alley mit einem sonderbar schuldbeladenen mitleidigen Blick an Grundner vorbeisehend. „Wir haben einen besseren Krieg gehabt, einen gesunden Krieg."

„Reden wir nicht davon, jetzt ist alles vorbei und alles wird gut werden", erklärte Keil hastig, weil er Erinnerungen an die bösen Zeiten nicht gut leiden konnte. Von Aufträgen war dann nicht mehr die Rede.

Als Hausacker von der Reise erfuhr, nahm er Grundner heimlich zur Seite und gab ihm eine Adresse in Salzburg. „Du mußt ihn bestimmt aufsuchen", verlangte er. „Ein guter Kamerad von früher. Er hat viele Beziehungen, auch geschäftliche und du wirst auch viel von ihm erfahren."

„Aber ich habe doch wenig Zeit", wandte Grundner ein. „Und vor allem will ich alles sehen, was Joe Alley mir zeigen kann!"

„Trotzdem, versäum es nicht, das ist wichtig. Es richtet einen auf, mit ihm zu spreche. Du warst doch bei der Partei! Wir sind nicht geschlagen, wir sammeln uns, wir organisieren uns! Er wird dir auch für später nützen!"

Damals war es infolge der strengen Absperrungen der Besatzungszonen für einen Wiener schwerer, nach Salzburg zu reisen, als für den Bürger anderer Hauptstädte die Reise nach Indien oder Australien. Nur zahlreichen amtlichen Erlaubnispapieren öffneten sich diese Grenzen, vor allem dem Geschäft, dem Nachrichtendienst, den Flüchtlingen. Sehr selten gelang es einem Schwarzgeher, die wachsame Kontrolle zu umgehen. Grundner empfand bubenhafte Freude und gleichzeitig Beschämung über die Auszeichnung, daß er mit einem schnellen Auto durch die anderen meist verschlossenen Gegenden fahren konnte, vorbei an schleichenden Ochsen- und Pferdewagen und an beladenen Fußgängern, die in ihren Rucksäcken die teuer und mühsam erstandenen Lebensmittel schleppten.

Im übrigen war die Reise wenig erfreulich auf den durch Panzer und Bomben aufgerissenen Straßen, vorbei an den zerschlagenen Häusern, zermalmter, noch spärlich bebauter Erde, an abgemagerten Menschen, unter dem trüben wolkenbehangenen Frosthimmel des Spätherbstes. Als sie am späten Nachmittag in Salzburg einfuhren, herrschte nasses Schneegestöber, vom schneidenden Wind in den Straßen umhergewirbelt. Die Beleuchtung schien nicht weniger dürftig als in Wien. Viele Fenster waren dunkel oder schwach erhellt durch Petroleumlampen und andere vormoderne Beleuchtungsinstrumente. „Noch immer wie im Krieg", dachte Grundner, und Alley sagte es laut.

Am nächsten Tag sah die Stadt besser aus. Grundner konnte nicht im selben Hotel wohnen wie Alley, sondern hatte ein kleines Zimmer in einer Privatwohnung gemietet, nun streifte er am frühen Vormittag allein durch die Straßen. Es hatte wieder geschneit, aber der Himmel war hell, blaugrün vor Frost und widerscheinendem Schnee. Der Dom und viele andere Bauten waren zerstört, aber unter dem strahlenden Rund der Berggipfel mit den noch immer buntfarbigen Wäldern erschien die Verwüstung nicht so unheimlich wie in den flachen düsteren Straßen der Großstadt.

Grundner aß in einem kleinen Restaurant der inneren Stadt unter Verwendung der Lebensmittelkarten, die man ihm ausgehändigt hatte, schlief nachmittags auf der durchgelegenen kurzen Couch in seinem Zimmer und konnte sich nicht entschließen, den Ingenieur Reugler aufzusuchen, an den ihn Hausacker empfohlen hatte.

Um sechs Uhr traf er sich mit Alley, der viel zu erzählen wußte, weil er viele alte Freunde wiedergesehen und dabei viel getrunken und daher eine Menge interessanter Neuigkeiten erfahren hatte. „Nun, und du?" fragte er plötzlich. „Hast du schlecht geschlafen in deinem kleinen Flohnest? Du siehst so gelangweilt aus. Womit hast du die Zeit zugebracht?"

„Ich hab mir die Stadt angeschaut."

„Eine wunderbare Stadt, sag ich dir", antwortete Alley lebhaft, „ein großes Kunstwerk. Ich habe sie vor diesem verdammten Krieg gesehen, sie war ein Wunder zwischen all diesen Industriestädten, die ich sonst besucht hatte, mit ihrer Musik, ihren Theatern und ihren Bauten. Jetzt natürlich" – er zuckte die Achseln – „Krieg macht nichts schöner – und die Menschen nicht gescheiter, leider", fügte er hinzu, „auch uns Amerikaner nicht." Er lachte. „Sag's nicht weiter! Aber natürlich wird dir langweilig, wenn du immer allein herumläufst. Was tun wir denn?"

„Ich soll eigentlich jemanden aufsuchen", sagte Grundner zögernd. „Hausacker hat mir eine Adresse gegeben." – „Ah, Hausacker – der hat viele Bekannte überall." – „Er hat nicht gesagt, ich solle nicht davon sprechen, ich habe nur keine rechte Lust, über die Dinge vielleicht Erinnerungen auszutauschen – ich will mich an nichts erinnern."

„Wenn ich raten sollte, wäre ich auch dagegen. Du kannst in gefährliche Gesellschaft kommen, wenn Hausacker drin steckt.

Wenn du in einer oder der anderen Richtung auffällst, wirst du sofort von beiden Seiten bespitzelt. Wenn dir nichts daran liegt" – er sah Grundner von der Seite an – „wieder mit den alten Bekannten in Verbindung zu treten."

„Nein! Am liebsten wäre es mir, wenn ich neu geboren werden könnte, nichts mehr von all dem Elend und der Niedertracht wüßte…"

Als sie in der Linzerstraße ausstiegen, blieb jemand vor ihnen stehen, ein mittelgroßer breiter Mann in salopper, halb amerikanischer, halb schäbig-militärischer Kleidung. „Grundner!" rief er aus. „Sind Sie nicht Grundner?"

Ohne nachzudenken, nahm der junge, elegante Mann eine militärische Haltung an, hob den Arm und sagte mit lauter Stimme: „Jawoll, Herr…" Dann, ehe er die Farce gedankenlos fortsetzte, wurde Grundner dunkelrot, als sein früherer Vorgesetzter lachend sagte: „Rührt euch!" und ihm die Hand entgegenstreckte. Alley machte ein ernstes und unbeteiligtes Gesicht.

„Nun, das haben wir glücklicherweise nicht mehr nötig", sagte der frühere Oberleutnant lachend, dann stellte er sich dem Amerikaner vor: Rostelli – und verbeugte sich mit einer durch das Zivilistentum der letzten Jahre gemilderten Art. Dann wandte er sich an Grundner. „Na, das ist schön, Sie hier zu treffen. Sind Sie ständig in Salzburg?"

„Nur für ein paar Tage."

Rostelli war befangen, er wußte nicht recht, wie er mit diesem ehemaligen Soldaten reden sollte, dessen absoluter Herrscher er früher gewesen war, und der nun ein einflußreicher Mann zu sein schien, da er mit einem echten Amerikaner im Auto fuhr. Eine kurze Pause entstand.

„Vielleicht könnten wir uns noch sehen?" fragte Rostelli etwas verlegen, und sein ehrfürchtig-fragender Blick streifte Alley. Sicher war der Junge von dessen Erlaubnis abhängig, wahrscheinlich war er nur der Chauffeur des Amerikaners.

„Ich weiß nicht, ich..."

Alley bekam plötzlich Lust, darüber zu schreiben, wie ein früherer Offizier mit seinem kleinen Sklaven aus der Kriegszeit sprach.

„Wenn ich die beiden Herren zu einem Drink einladen darf?" sagte er sehr steif – und erhob durch diese Formulierung den „Jungen" zu einer unabhängigen und wichtigen Persönlichkeit, „leider nur für kurze Zeit, um sieben Uhr bin ich verabredet."

Rostellis Unbehagen löste sich. „Besten Dank", sagte er, „ich nehme mit Vergnügen an. Und nachher zeige ich dem jungen Kameraden – Freund", verbesserte er sich, „ein bißchen das Nachtleben von Salzburg." Sie waren in eine amerikanische Bar eingetreten, und Rostelli ging zum Telefon, um ein Rendezvous für den Abend abzusagen.

„Siehst du, die brauchst du nicht mit Empfehlungen aufzusuchen", sagte Alley, „die stehen an jeder Straßenecke herum. Ist es dir unangenehm?"

„Ein bißchen."

Alley sah ihn von der Seite an: „Angst, daß du noch nicht immun bist?"

„Oh nein! Aber es ist ungemütlich. Rostelli war ein sehr hohes Tier."

„Dafür reist du mit einem Amerikaner! Du bist also ein noch höheres Tier für ihn", sagte Alley lachend. Nach Rang und Zugehörigkeit des hohen Tieres fragte er nicht, um Grundner nicht in Verlegenheit zu bringen.

Rostelli kam zurück. „Alles in Ordnung", sagte er, „mein Bekannter bummelt mit uns."

„Da bist du also für den ganzen Abend versorgt", sagte Alley zufrieden.

Die Stunde, die sie beisammen saßen, war ziemlich ungemütlich. Rostelli war ein Sudetendeutscher, gebildet, gewandt, und sprach ausgezeichnet Englisch. Sie tranken und schwiegen, Rostelli sprach meist mit höflichem Respekt zu dem Amerikaner und beantwortete dessen vorsichtige Fragen. Manchmal wandte er sich mit väterlichen Scherzen an Grundner, freute sich, daß er gut aussehe, ein kräftiger gefestigter Mann geworden und heil aus dem Krieg zurückgekommen sei.

„Wann sind Sie denn gekommen?" fragte er – „1946." – „Und wie lange waren Sie bei der Armee?" – „Seit 1939." – „Viel habt ihr jungen Menschen mitgemacht", sagte Rostelli bedauernd, halb zum Amerikaner gewendet. „Wir haben alle vieles lernen müssen."

Sonst wurde nicht vom Krieg gesprochen, die Gesprächsthemen waren überhaupt sehr eingeengt durch Vorsicht und Antipathie. Alley erzählte von Vorkriegszeiten, Rostelli pries die Großzügigkeit und das menschliche Verhalten der Amerikaner, und Grundner sprach beinahe überhaupt nicht. Dann verabschiedete sich der Journalist, und die beiden gingen auf ihre Vergnügungsreise.

„Ein angenehmer Mann, dieser Amerikaner", sagte Rostelli. „Ist er ein Verwandter von Ihnen?" – „Nein, durchaus nicht."

„Weil Sie zueinander du sagen."

Jetzt schon beginnt die Bespitzelung, Alley hat recht, dachte Grundner entsetzt. Jetzt wird er alles mögliche von mir herausholen wollen.

Er machte einen schlechten Versuch, sich zu rechtfertigen: „Wir sind eine ganze Gruppe, meistens Österreicher, wir sind alle per du." Rostelli durchschaute sofort die Verlegenheit des jungen Menschen und fragte nicht weiter. Über diesen Kameraden konnte er leicht alles aus Wien erfahren.

„Wie lange bleiben Sie hier?" fragte er. – „Ich glaube, einen oder zwei Tage noch." – „Haben Sie Lust, ein paar Kriegskameraden zu sehen, die hierher verschlagen worden sind?"

Grundner bekam beinahe Angst. Er wollte um keinen Preis in dieses Milieu zurück, aber es war klar, daß die Verbindungen, die er abgeworfen glaubte, ihn immer wieder suchen und festhalten wollten.

Mit ein paar früheren Offizieren und Zivilisten begann der Bummel durch Salzburgs bescheidene und üppige Unterhaltungslokale, und er dehnte sich bis in die frühen Morgenstunden aus.

Man unterhielt sich nicht anders als in Wien. Sie tranken, sangen, stritten und politisierten vorsichtig.

„Die Amerikaner haben nicht mehr so viel gegen uns", erklärte vergnügt ein untersetzter Junge von etwa vierundzwanzig Jahren, der sich bei Grundner eingehängt hatte. Das runde Gesicht und die lustigen spitzbübischen Augen ließen ihn harmlos und jedem guten Wort oder Witz zugänglich erscheinen, aber Grundners Nachbar auf der anderen Seite flüsterte diesem zu, daß dieser Knabe die kurze Zeit seines Dienstes in einem Gefangenenlager sehr gründlich genützt habe, seine männlich-kriegerischen Instinkte auszuleben.

„Verstehen Sie, uns Junge haben sie alle für unbelehrte verführte Nazi gehalten und uns umerziehen wollen. Die Einheimischen, die anständigen Leute, die Widerstandskämpfer, das hat sie wenig interessiert, so was findet man überall. Ihnen gefällt halt eher das Verruchte, sie bilden sich ein, einen moralischen Einfluß auf uns zu haben." Er kicherte und lachte mit hoher Stimme.

11. Kapitel

„Das kann man unmöglich aushalten", sagte Grundner laut, stand da in seinem grellseidenen amerikanischen Pyjama, halbelf Uhr morgens, die Augen gerötet von der vertrödelten Nacht, von Alkohol, Rauch, Dummheiten – abgemattet von diesem stumpfsinnigen Dauerlauf von Geschäften und Vergnügungen. Ein lustiges inhaltsleeres Leben wird der Jugend schnell langweilig, darum müssen sich die blödsinnigen Sensationen steigern, oft bis zum Verbrechen oder Rausch. (Womit nicht gesagt werden soll, daß das armselige geschundene Leben so vieler Jugendlicher der unteren Klassen sie nicht ebenso weit und noch tiefer führen kann). Die Erbärmlichkeit seines Lebens trat ihm deutlich vor Augen.

Auch das Studium nützte ihm nichts mehr, das Lesen der verschiedensten Werke und Büchlein durcheinander, ohne Konzentration und eigenes Nachdenken und Nachschaffen. Von seinen wirklichen guten Fähigkeiten mußte er für seine Arbeit nichts entfalten als Gewiegtheit, Witz und eine charmante Freundlichkeit, die ihn längst anekelte. Nach und nach empfand er auch einen stärkeren Widerwillen gegen die Frauen, die ihn umgaben, die entgegenkommenden Kundinnen, die naiven und gewürzten Gespräche von Frau Pfaller, ein wenig auch, gedämpft durch Mitleid und brüderliche Liebe, die hektische, stille und trotzige Anbetung, die ihm Bella noch immer entgegenbrachte. Besonders wenn er von Christine kam, erfüllt von ihrem schmucklosen und ergreifenden Wesen und von den Ideen und Interessen, von denen dort die Rede war, war der Kontrast zu groß.

Das war, wußte er, zweifellos der Hauptgrund für seine schlechte Laune, daß er so wenig Zeit für Christine hatte.

Er sah haßerfüllt im Notizkalender nach. „Heute geh ich hin", sagte er laut. „Heute habe ich nicht viel zu tun. Um sieben Uhr bin ich dort, hoffentlich hat sie Zeit." Er begann endlich zu frühstücken. Die Vorstellung dieses heimischen ruhigen Abends machte ihm auch die widerliche Gegenwart erträglich.

„Hoffentlich hat sie Zeit, nicht eine ihrer vielen Sitzungen." Auch das ärgerte ihn, daß er manchmal die Kinder allein zu Hause fand, wenn er unangemeldet kam.

Das Telefon läutete. Grundner ging verdrossen hin und hob den Hörer ab. „Hallo", rief er. Keil telefonierte. „Wir gehen zum Niklas am Abend, ins neue Lokal. Komm auch, um zehn Uhr."

„Ich habe keine Lust", rief Grundner verdrießlich. „Es ist das alles zu langweilig. Laß mich mit der ewigen Vergangenheit in Ruhe."

„Schon wieder schlecht gelaunt", sagte Keil. „Aber du mußt kommen, ich habe euch alle eingeladen. Es ist wirklich was besonderes."

Ein neues, glänzendes, halbgeheimes Lokal mit noch seltsameren Getränken, hübscheren Girls mit geschulten Beinen, Augen, Hüften und Brüsten. Es war schon sehr spät, als Grundner ankam, Keil war nur eine Stunde geblieben. Alle waren schon ein wenig betrunken, sie stritten miteinander, der Lärm wurde immer größer. Von den anderen Tischen her sahen die einen Gäste unruhig, die anderen belustigt oder ereignislüstern herüber.

„Es sind keine Amerikaner dabei", sagte ein grauhaariger Herr am Nebentisch zu seinen wenig auffallend gekleideten Damen. „Da wird es wenigstens nicht gefährlich – es kommt keine Militärpolizei."

Bella hatte eben mit schriller und erregter Stimme eine Szene gemacht, sie hatte jetzt Zustände von grenzenloser Verzweiflung und Zerknirschung, warf sich vor den Altären nieder und blieb stundenlang in halber Starre auf den Knien, sich und die anderen anklagend. Die stille verzückte Sanftheit, die sie in der ersten Zeit ihrer Sucht so zart und anziehend gemacht hatte, war selten geworden.

„Wir haben uns ans Laster gewöhnt", überschrie sie ihre Nachbarn. „Ans Saufen, ans Herumhuren, an jede Gemeinheit!"

„Wir..." – „Die Bella predigt immer Moral", sagte Hausacker neben ihr höhnisch. „Aber bei jeder Runde, die einer von uns zahlt, trinkt sie mindestens zwei Gläser, wenn ich eines habe."

Hausacker hatte nur ein Bein und trug keine Prothesen, von denen es nur sehr wenige und schlechte gab. Er bemühte sich auch nicht darum, sie zu bekommen, denn die Verstümmelung machte starken Eindruck, wenn er im Resselpark amerikanische

Zigaretten verkaufte. Und außerdem rührte es die amerikanischen Burschen mit einem Schauer, daß auch ihnen das im Kriege hätte passieren können. Das gesunde Bein war sehr lang und fein gebaut, Hausacker sah jünger aus, als er war – 35 Jahre. Nur bei starkem Licht sah man die kleinen Falten, eingeschnitten von Alter, Ehrgeiz und Habgier und vor allem von der furchtbaren Angst, als er verwundet wurde und man das Bein abnehmen mußte. Er war gut gekleidet, trug ein beigefarbenes Seidenhemd, amerikanische Krawatte und anliegenden Rock, und unter dem gescheitelten, mädchenhaft platinblonden Haar sah man das ungefärbte durchschimmern.

Er hatte Bella dem Geschäftskameraden Woltra weggenommen und sie dadurch noch haltloser und unglücklicher gemacht, weil er sie nicht liebte wie jener.

Auch Grundner war bald nicht mehr nüchtern und die schreiende, schwache Stimme Bellas reizte ihn. „Mir graust es von dem allen", schrie er, „mir graust es einfach davor. Ich will nur so viel Geld, daß ich studieren kann. Ich will studieren, ich will Lehrer werden", wiederholte er hartnäckig wie eine schlecht gerillte Schallplatte. „Mein Lehrer hat mir gesagt, ich darf studieren wenn ich zurückkomme, und jetzt bin ich 26 und kann noch immer nicht studieren." Er stützte den Kopf in beide Arme und schaute vor sich hin.

Grölend vor Lachen schrie einer der Tischgäste: „Lehrer will er werden, und jetzt schiebt er mit Liebesgaben für die Armen!"

„Schluß mit dem allen", sagte Grundner heftig. „Ein neues Leben beginnen!"

„Und was wirst du tun?" schrie einer, „Schneeschaufeln gehen? Ich nicht, solange ich es mir anders einrichten kann. Erst wenn's alle tun, die großen Schieber, die Nichtstuer, die Drückeberger. Und ich will auch nicht schlecht wohnen, solange ich andere gut wohnen sehe! Und nicht frieren, solange ich Kohle im Schleichhandel abzweigen kann."

„Wie lange wird denn das überhaupt noch dauern?" fragte jemand. „Einmal wird ja die goldene Zeit des Schleichhandels vorbei sein."

„Na, das sind die Sorgen der Herren Kriegs- und Nachkriegsverdiener in allen Ländern. Sie werden schon was anderes finden, wo man verdient."

„Ihr seid alle viel zu schwerfällig", sagte Woltra, der auch im Krieg gewesen war. „Ich kann morgen tot sein, ich wundere mich, daß ich es nicht längst bin. Was soll ich über mein Lebensende hinaus philosophieren? Ich habe keine Moral und will auch keine haben. Wir haben ja gesehen, wie schnell man tot sein kann und wie schnell das Leben vergeht. Man muß gut leben, solange es geht. Es zeigt sich, aus was das wahre Leben besteht. Wir werden einholen, was wir nicht genossen haben." Er sah Bella an, nahm heftig das volle Weinglas und trank es in einem Zug aus. Früher hatte er weniger geredet und nicht so viel getrunken.

Bella sagte mit ermüdeter Stimme: „Ihr habt alle kein Gewissen, Ihr seid alle schlecht und werdet alle verdammt sein nach dem Tode. Und ich gehe auch weg von euch und tue nicht mehr mit."

„Wohin denn?" fragte Hausacker höhnisch. „Wieder zu einem Ami?"

„Du tust ja auch nichts anderes, als denen gefällig zu sein", schrie Bella verächtlich. „Ich bin ja nur eine Attrappe für dich, damit sie eifersüchtig werden. Es gibt eben auch Leute, denen das Spaß macht."

„Spaß? Mein Gott, wenn man im Krieg war, da hat man auch auf Mädels verzichten müssen. Und ihr habt es euch hier gut gehen lassen mit allen diesen Unabkömmlichen und Drückebergern. Lauter Opfer fürs Vaterland …"

„Du bist auch lange genug im Mercedeswagen herumgefahren, ehe sie dich an die Front geholt haben und hast dich wichtig gemacht."

„Nun, und…" sagte er. „Gerade darum. Wenn du so gefahren bist, läufst du nicht mit Holzschuhen im Kot, frißt Maisgries und wohnst in einem zerbombten Haus. Und du wirst auch nicht von uns weggehen, Grundner, solange die Geschäfte gut gehen!"

Am nächsten Morgen, der nicht süßer anfing als der vorige, kam ein Bote mit der Nachricht, daß der kleine Pepi krank sei. Grundner gab Bescheid, daß er abends hinkommen werde. Aber beim Mittagessen – Grundner und Keil speisten bei Frau Pfaller – wie oft, wenn sie in diesem Bezirk zu tun hatten, sagte die Hausfrau halb eifersüchtig halb kupplerisch: „Die Frau von Kollenau beklagt sich, daß Sie nie zuhause sind, wenn sie kommt. Sie möchte Sie gern einmal einladen, mit Ihnen ausgehen, wohin Sie wollen, in Lokale, in eine Tanzbar. Sie sagt, sie ist so allein." Frau Pfaller konnte ein verschmitztes Lächeln nicht unterdrücken.

Grundner war sofort aufgebracht und sogar unhöflich: „Ich denke nicht daran", sagte er laut.

„Sie hat doch immer so gute Aufträge für Sie", sagte Frau Pfaller beschwichtigend. „Da könnten Sie ihr doch einmal den Gefallen tun."

Als sie Grundners böse gefaltete Stirn sah, fügte sie hinzu: „Sie ist doch nicht unsympathisch! Und sie ist nicht einmal eine Jüdin", sagte sie entzückt.

Nein, sie war nicht unsympathisch, nicht unsympathischer als alle, mit denen er so oft beisammen war. Frau von Kollenau war eine gute Kundin, etwa zwischen vierzig und fünfzig Jahre alt, mit sehr viel Geld, sehr gut hergerichtet und gekleidet und seine besondere Gönnerin. „Die Alte ist doch in dich verliebt", hatte Bella einmal höhnisch und wütend gesagt. „Schau, wie zärtlich sie dich ansieht!" Jeder merkte, daß sie versuchte, mit Geschenken und Freundlichkeiten den jungen Mann an sich zu fesseln.

Keil lachte herzlich. „Na, Karl – da hast du deine große Chance! Sie hat doch alles, um einen Mann glücklich zu machen! Ganz hübsch und geschmackvoll und so viel Gold. Und ganz klug, so wunderbar ungebildet und von ihrem Amerikaner geschieden. Sie würde dich sofort heiraten. Aber ich rate dir ab, sie ist zu sehr Geschäftsfrau, sie würde dich auffressen, deine Zeit und deine Interessen und vor allem deinen ganzen Idealismus."

Während des ganzen Gespräches hatte Grundner eine seltsame Vision, Ersatz von Frau Kollenau durch Christines ruhiges einfaches ungeschminktes Gesicht, und eine würgende Sehnsucht, bei ihr zu sitzen, ihr zuzuhören, von ihr zu hören, wie sie das Leben sah, die kleine Nathalie zu necken, des Buben weitschweifige Abenteuer in komisch ruhiger Verzweiflung anzuhören.

„Sie hat mich gefragt, ob Sie morgen mit ihr ausgehen möchten", sagte Frau Pfaller. „Was soll ich ihr ausrichten?"

„Ich habe seit Tagen eine Verabredung für morgen."

„Aber sie wird sehr beleidigt sein."

„Das ist mir gleich", sagte Grundner böse. Plötzlich wurde er grob. (Man darf eben nicht in falscher Gesellschaft verkehren. Christine hatte seine feinen Manieren verdorben.)

„Was soll ich noch alles tun fürs Geschäft?" fragte er wütend. „Ein Gigolo? Und nächstens habt ihr vielleicht einen älteren Gentleman für mich? Wie für den Kurt?"

„Für einen modernen jungen Mann hast du sehr altmodische Reflexe", sagte Keil gelassen. „Du knirschst beinahe mit den Zähnen vor moralischer Empörung, weil eine reiche gelangweilte Frau dich verführen will … und außerdem handelst du aus altmodischer Verliebtheit, das weiß ich sehr gut. Aus dir wird nie ein reifer neuzeitlicher Mensch – hoffen wir", setzte er gemütlich hinzu. „Aber ernsthaft, was hast du gegen die Kollenau, Karl? Heirat sie halt nicht, aber tanzen kannst du mit ihr."

Grundner war noch immer rot vor Zorn.

„Mir wird schlecht, wenn ich daran denke, daß sie sich für mich interessiert und ich mit ihr ausgehen soll! Nicht, weil sie so viel älter ist, aber so nutzlos, so eitel, so ordinär im Denken. Über Geld und ihre Besitzungen mit ihr reden und über ihre Enttäuschungen in der Liebe – sie hat schon drei Ehegatten gehabt, so viel hat sie schon erzählt – und höflich und teilnehmend sein... Lieber gehe ich in den Schützengraben zurück..."

„Ich sag's ja", seufzte Karl, „ein Siebzehnjähriger, und aus dem neunzehnten Jahrhundert. – Und so was versteht, so gute Geschäfte zu machen..."

12. Kapitel

Eines Abends tauchte auf einmal Wilhelm Gellner auf, Christines Mann, dem sie mit dem sechs Wochen alten Kind entflohen war, als er begonnen hatte, sich an den Raubzügen der Nationalsozialisten zu beteiligen. Es war ein warmer wunderschöner Abend, und sie kam von der Arbeit heim, frohgelaunt wie selten, mit wehmütigen Erinnerungen ohne Schärfe. Die Straßen waren noch hell und sonnig, alles im Leben schien besser zu gehen, und Christine sollte mit den Kindern bald ins Ferienlager kommen.

„Grüß Gott, Christine", sagte Wilhelm etwas verlegen, „so lange haben wir uns nicht gesehen. Darf ich hinein?"

Christine stand wie versteinert vor ihm, sie vermochte kaum zu antworten. „Ja, komm Wilhelm", sagte sie endlich leise. „Bist du schon lange in Wien?" Sie traten ein. „Setz dich, Wilhelm und schau dich nicht viel um! Ich habe zeitlich früh fortgehen müssen, darum ist es hier unordentlich", entschuldigte sie sich. Wilhelm setzte sich.

„Seit einiger Zeit bin ich hier", antwortete er auf ihre Frage. „Ich habe nicht gewußt, ob ich dich aufsuchen soll."

„Mußtest du damals in den Krieg?" fragte Christine, während sie sich am Gasherd zu schaffen machte. Er hatte sie in der Steiermark aufgesucht, wo sie nach ihrer heimlichen Rückkehr mit den Kindern gelebt hatte und sich unbeobachtet glaubte. Aber es stellte sich heraus, daß Wilhelm immer wußte, wo er sie zu suchen hatte. Damals hatte er die Einberufung bekommen und sich wie in alten Zeiten, wenn er vor etwas Angst hatte, zu ihr geflüchtet.

„Ja, und dann war ich verwundet, nach zwei Jahren, verwundet und krank." Er erzählte ausführlich von seiner Verwundung. „Bei unserem Unglück, ich meine bei der Niederlage", verbesserte er sich, „war ich in Wien. Du weißt, Christine, daß ich mich seinerzeit von den anderen verführen ließ. Meine Stellung war nicht groß, ich habe nicht viel getan. Aber im ersten Schrecken habe ich mich wie die anderen nach dem Westen abgesetzt, habe alles hier im Stich gelassen. Man muß für seine Verirrungen büßen. Wohnung und Geld habe ich nicht mehr. Ich wohne bei früheren Freunden, die in derselben Lage sind wie ich."

Christine hörte ihm zu, während sie Margarinebrote bestrich und Kaffee für ihn kochte. Sie wunderte und kränkte sich zugleich, daß sie nicht nur keine Liebe mehr für ihn empfand, sondern auch keine Rührung und kein Mitleid. In früheren Zeiten hatte sie nächtelang geweint, wenn sie ihn arm und unglücklich wußte. Diese Christine hier, die wußte, was so vielen anderen geschehen war, mit seiner Mithilfe geschehen war, konnte nicht mehr Mitleid für ihn empfinden. Sie wußte, daß er schwach war. Und Franz war nicht mehr da ...

Als hätte er erraten, was sie dachte, sagte er: „Und der Franz, der Kornauer, ist auch vermißt? Mir hat es sehr leid getan, daß sie ihn damals erwischt haben, das kannst du mir glauben."

„Kornauer hat mir erzählt, daß du ihn erkannt und nicht angezeigt hast", sagte Christine, plötzlich mit einem warmen Gefühl der Zuneigung und Dankbarkeit.

„Damals habe ich ja schon gewußt, was sie anstellen. Den Franz hätte ich nie verraten!"

„Ja, die Guten haben sie ja zu Hunderttausenden umgebracht, hier und in allen Ländern, und die Schlechten gelassen!"

„Du bist sehr bitter geworden, Christine." Als sie ihn ansah, ohne zu antworten, fuhr er versöhnlich fort: „Krieg ist Krieg, es war schauderhaft für alle. Wir haben alle gelitten, aber wir haben etwas gelernt!"

„Wer angefangen hat, soll leiden", sagte Christine böse. „Und was wirst du jetzt machen?"

„Ich will nicht hier wohnen, aber ich möchte manchmal meinen Sohn sehen. Kommt er bald nach Hause? Einmal habe ich ihn schon gesehen. Ich glaube, er sieht mir ähnlich, nicht?"

„Ja, er hat deine braunen Haare und deine Augen. Heute bleibt er weg bei Freunden. Ich muß abends weggehen."

„Ich hoffe, ich kann einmal etwas für ihn tun und für dich. Ich weiss, daß du noch ein Kind hast, aber das ist ja selbstverständlich."

Christine antwortete nicht. Sie nahm die Kaffeeschalen, aus denen sie getrunken hatten, und begann sie abzuwaschen. „Ja", sagte Wilhelm zögernd, „wenn ich schlecht war, sei nicht mehr böse. Ich bin nicht allein schlecht gewesen. Die einen haben uns nichts Gutes gegeben, nur Arbeitslosigkeit und Armut und fromme Sprüche, und die anderen auch wieder nur Phrasen und dann den Krieg. Dir darf ich das ja sagen. Vielleicht hätte ich mich umgebracht, früher schon oder nach der Niederlage, wenn ich nicht daran gedacht hätte, daß du und mein Kind noch da sind."

Sie wußte, daß er im Augenblick beinahe ehrlich glaubte, was er sagte. Er war wie früher, von seinen eigenen Sentimentalitäten gerührt, ein gutherziger und weicher Mensch, der gelitten hatte und wieder gut machen wollte. Sein Blick war wie ehemals ängstlich und schlau, der Unwahrhaftigkeit bewußt und doch um Glauben flehend.

Als er fort war, schloß Christine die Tür mit dem Schlüssel ab, warf sich aufs Bett und weinte lautlos. Franz war tot, Wilhelm kam wieder. Das Schlechte und Feige siegte, der Ehrliche und Gute wurde vernichtet. Sie hatte ihren Mann geliebt, sie wußte, daß er ein schwacher, verwundbarer, hilfloser Mensch war, aber längst war sein Bild besudelt und verwischt. Erst durch Kornauer hatte sie ihren Glauben an die Menschheit wiedergefunden. – Der Abend war verdorben, die Schönheit des Mai war verdorben. Sie war nur froh, daß er sie nicht an ihre Ehe erinnert hatte.

Daß Gellner seine Frau jetzt aufgesucht hatte, geschah übrigens nicht aus unüberwindbar aufgewachter Sehnsucht nach ihr, auch nicht aus Zufall. Er wußte längst alles über Christine und ihre Lebensverhältnisse, daß sie allein lebte, außer seinem eigenen ein zweites Kind hatte, und daß ihr Freund Kornauer vermißt war. Aber er hatte nicht versucht, sich mit ihr in Verbindung zu setzen. In seinem jetzigen Leben hatte er keine Verwendung für sie. Früher hatte er sie heiß und eifersüchtig geliebt, und sich beinahe umgebracht, als er entdecken mußte, daß sie ihn verließ. Er hatte sich sogar selbst in Gefahr gebracht, indem er ihre Spuren verwischte und sie davor bewahrte, der Gestapo in die Hände zu fallen.

Aber das war alles längst vorüber. Sein Aufstieg in der Nazizeit und später das Frontelend hatten alle seelischen Beziehungen zu ihr gelöst, so daß nicht nur seine Liebe, sondern auch sein Groll gegen sie verlöscht waren. Und das Kind, das er, kaum daß es geboren war, ein einziges Mal gesehen hatte, existierte überhaupt nicht in seiner Vorstellung.

Gellner war während des Rückzugs mit vielen anderen, ein treibendes Stück Menschheit, ohne Geld, in zerrissenen Zivilkleidern, elend und hungrig, nach Wien gekommen und dann nach Salzburg geflohen. Dort fand ihn Hausacker, der ihn aus der Zeit kannte, als die nationalsozialistische Bewegung in Österreich noch illegal war und damals sehr um seine Männerfreundschaft geworben hatte. Hausacker begrüßte ihn enthusiastisch und nahm sofort das Leben des Kameraden in die Hand. Er verschaffte ihm Lebensmittel und nahm ihn in sein eigenes Zimmer auf.

13. Kapitel

„Geh zu Woltra zurück, er geht zugrunde ohne dich, er wird für dich sorgen."

In den leeren Straßen hallten Bellas Schritte wider, die Worte, die sie nur dachte. Sie wußte nicht, daß sie ging. Sie hielt das Halbbewußtsein fest, den Nebel über dem Denken, um nicht klar zu werden. Dann lief sie wieder, um die Worte nicht zu hören, die Grundner gesagt hatte, nicht an ihn zu denken. Sie ging durch kleine dunkle drohende Gassen, beschleunigter Schritt, beschleunigte Flucht vor sich selbst. Sie war wie im Halbschlaf, Wirklichkeit und Vergangenheit und Traum vermischten sich. „Dann wäre ich sicher, Karl, bei dir wäre ich sicher, kein Kokain, niemand tut mir etwas."

Sie war in die Umgebung der Stadt gekommen, es gab weniger Laternen, weniger Häuser, niedrigere Häuser, Wiesen, mehr Gärten, Stille. Hie und da bellte ein Hund, krächzte eine aufgescheuchte Krähe. Angst befiel sie, heftiges Herzklopfen, atemberaubend. Und immer wieder kamen nur die schrecklichen Gedanken der Verlassenheit, der Verzweiflung, der Reue.

Ein Auto überholte sie und blieb stehen, als der Fahrer die Schwankende sah, die vor sich hinsprach. Er dachte, sie sei betrunken. „Kann ich Ihnen helfen?" fragte er in gebrochenem Deutsch, ein junger Engländer, sie war in der englisch besetzten Zone. Er leuchtete sie an und erschrak vor ihrem wunderschönen weißen Gesicht mit den weit aufgerissenen Augen einer Irren. Ohne viel zu fragen, hob er sie in den Wagen. Als sie in der Stadt waren, brachte er sie in ein Lokal. „Einen Whisky?" fragte er und hielt ihr schon die Flasche an den Mund. Als sie bereits ein wenig Rot in den Wangen hatte, fragte er: „Wohin kann ich Sie bringen?" – „Ich weiß nicht", sagte sie noch halb benommen. Da nahm er sie zu sich ins Hotel.

Am nächsten Abend in ihrem Zimmer legte sie sich sofort auf die Couch, ohne sich auszuziehen oder das Bett zu machen. Tiefer Schlaf befiel sie, ohne Traum und Bedrückung.

Als um halbdrei Uhr nachts der Föhn an den Fenstern und Türen zu rütteln begann, stand sie auf und trat ans Fenster. Sie hatte das Gefühl, sie habe überhaupt nicht geschlafen, sondern unter dem Druck einer unentwirrbaren Trauer gewartet, „daß das Barometer in ihrem Herzen sinken", der Druck sich vermindern werde. Das Rauschen fortgeschleifter Papierstücke auf dem Asphalt der Straße zugleich mit der unhörbaren Jagd monderhellter Wolkenfetzen am Himmel machte ihr Herz vor Angst und Einsamkeit rasend. „Das kann ich doch nicht ertragen", flüsterte sie vor sich hin.

„Die Mutter hat mich so allein gelassen, so allein, Vater und Mutter!"

Unaufhörlich suchte sie, während sie laut zu sich selbst sprach, im Schreibtisch und im Schrank. „Wer kann noch kommen und mir helfen? Was kann noch kommen? Ein Günther, ein Horst, ein Walter, noch einer…" Sie hielt in ihrer Arbeit inne und starrte in den Spiegel. „Ja, Schwindel, Umarmung aus Stahl, halt mich fest, fest… ich falle ja immer, ich laufe im Irren, im Irren… ins Irrenhaus… nimm dein Pulver, nimm es schnell, du fällst ja um, sieh dich an!"

Sie suchte verzweifelt in ihrer Tasche, sie wußte, daß kein Kokain mehr da war. Sie warf sich hin und her, immer müder, wie ein armer Mensch, den der Hunger quält. „Ich gehe fort", sagte sie laut. „Ich suche Otto, oder … drei Uhr nachts … wie finde ich…"

Mit ein paar Stäubchen von ihrem Pulver, die sie endlich fand, beruhigte sie sich und saß nun starr.

„Nein, Karl wird nie mehr kommen, nie mehr. Er hat keine Zeit… wer hat denn Zeit für mich."

Im Spiegel sah sie sich nur undeutlich, zerrauft und hohläugig… „Aber ich bin doch erst zwanzig Jahre alt." Dann begann sie laut zu weinen, wie sie es auch im Rausch sonst nicht tat.

Sie zwang sich, sich sorgfältig anzukleiden. Die Droge hatte ihr ein bißchen Kraft gegeben.

„Fünf Jahre", dachte sie, „nehme ich es. Und die eine Kur… nur Karl hat es zuwege gebracht … was hab ich denn vom Leben…"

Während sie sich ankleidete, Strümpfe, kleine Modeschuhe, Wäsche… „Morgen werde ich Karl suchen. Er muß Mitleid mit mir haben… Bettlerin, warst doch immer so stolz… zwanzig Jahre… es geht nicht… niemand kann mir helfen." Der Arm blieb wie erstarrt mit dem Lippenstift in der Luft. „Irgend jemand, es muß doch gehen! Irgend jemand wird doch mit mir kommen wollen. Ein starker Kaffee…"

Jetzt wußte sie schon, was sie wollte, verbiß es aber in sich, wurde heiter, spielte mit sich, versprach sich Sonne und Zärtlichkeiten für den nächsten Tag. Sie stellte das Wasser aufs Gas. „Schweig", sagte sie zu sich selbst. „Du wirst dich immer langweilen. Langeweile, lange Weile nicht mehr! Zwanzig Jahre ist eine lange Weile… langes Weilen, lange Weihnachten. Mama ist schon eine lange Weile tot. Niemand weint… Arme Bella…"

74

Das Wasser kochte und ging über, das Feuer verlöschte, sie drehte die anderen Hähne auf. „Die Wohnung kannst du gut verkaufen, kaufen, verkaufen, für Koks Geld genug. Dann schlaf ich auf der Straße, schlafe bei anderen, … pfui, pfui", schrie sie mit großer Kraft. Sie machte das angrenzende Badezimmer auf, drehte auch dort das Gas auf, legte sich auf den Diwan. Das Gas roch, aber sie spürte nichts. „Noch Pulver, viele, viele Pulver", sagte sie mit schon schwacher Stimme. „Wasser… umrühren… viele Pulver…"

Alles geschah unbewußt, in tiefstem Zielbewußtsein. Sie lag auf dem Diwan zugedeckt, das leere Glas mit Schlafpulver neben sich, der steigende Geruch, und schlief endlich, endlich, endlich ein.

14. Kapitel

Am darauffolgenden Tag erhob sich Karl Grundner seufzend um vier Uhr von seinem Schreibtischsessel, dehnte sich und ging zum Fenster, um hinauszusehen. Die Aprilsonne schien ungewußt, halb verborgen zwischen Grau und Blau, kein Wetter für ein Rendezvous, kein Wetter für ein ernstes Gespräch voll gütiger Einfälle. Grundner machte ein verdrießliches Gesicht.

Der Weg war nicht lang, und er dachte darüber nach, wie er mit ihr reden sollte. Er hatte Bella vier Monate nicht gesehen und ein wenig zärtlich vermißt. Aber das letzte Beisammensein war ein furchtbarer Schreck gewesen, der Anfall, der Schock, der Jammer.

Grundner blieb mitten auf der Straße stehen, eine Panik überfiel ihn. Wer hinderte sie, sich ihm zu Füßen zu werfen, sich an seinen Hals zu werfen, wieder zu weinen, zu jammern, zu stöhnen? Im Kaffeehaus, vor allen Menschen. Niemand hinderte sie daran. Schließlich faßte sich Grundner, der schon daran gedacht hatte, sich umzuwenden und nach Hause zu gehen.

Er wollte nicht feige sein, er wollte nicht vor einem kleinen, kranken Mädchen Angst haben, das nicht wußte, was es tat.

Immerhin war sein Gesicht ernst und gesammelt, als er eintrat und sich im Kaffeehaus umsah. Bella pflegte zu warten, eine halbe Stunde und länger, in ihrem Winkel aufrecht dasitzend eine Zeitung in der Hand, in die sie sofort blickte, wenn sie hastig einen Bekannten begrüßt hatte und aufleuchtend, wenn er zu ihr trat. Er hatte sie nicht sehr oft gesehen, aber immer voll Liebe und Freude, manchmal mit ein bißchen Langeweile, wenn inzwischen ein anderes Ereignis eingetreten war.

Als er eine Viertelstunde gewartet hatte, löste sich langsam der Druck. Es war so ungewohnt, Bella nicht vorzufinden, die jede Begegnung mit Erwartung und Inbrunst hinnahm. Sie war gekränkt, das war deutlich, sie hatte vier Monate auf ihn verzichtet, nur der Zufall hatte sie wieder zusammengeführt. Und dann war der Zusammenprall geschehen, sie hatte mehr Gift genommen, um für ihn stark zu sein. – Jetzt war wieder alles geordnet.

„Wenn sie nicht kommt", sagte er zu sich selbst, „schämt sie sich. Sie ist wieder aufgewacht. Für mich hat sie Pulver genommen, nachdem sie erwacht ist, war sie klar."

Der Druck lüftete sich, und er begann, sich ein wenig besser zu fühlen. Er sah einen Bekannten, der eben zur Türe hereinkam und stand auf, um ihm entgegenzugehen. „Ich hab ein Rendezvous hier", sagte er halb lächelnd, „aber sie scheint nicht zu kommen." – „Schade?" fragte der andere, gleichfalls lächelnd. „Eigentlich ja", sagte Karl achselzuckend, „aber was kannst du machen?" Sie saßen miteinander, vertieft in ein Gespräch über die Lebensumstände, die sich ein wenig zu bessern schienen. Als Grundner aufschaute, war es sechs Uhr.

„Sie ist noch nicht hiergewesen?" sagte er unruhig. „Aber geh, jede wartet oder meldet sich."

Noch einmal ging Grundner durch den ziemlich großen Raum, dann verließ er ihn.

Bella war nicht gekommen.

Er blieb noch ein wenig auf der Straße stehen, zögernd, ob er zu Christine gehen sollte, wagte es aber nicht. Wilhelm störte. Er ging friedlich durch die sinkende Abendsonne zurück. Der Abend wurde ihm zu lang und er beschloß, noch ein wenig zu bummeln und verließ um neun Uhr das Haus. Es war kühl geworden, der Wind pfiff, es roch nach Regen. Noch einmal ins Kaffeehaus? Er trat zögernd ein. Es war Woltra, der aufsprang und ihm entgegenlief:

„Du weißt es schon? Sie ist tot, Bella ist tot."

„Was sagst du da? Bella ist tot, ich habe heute" – er schwieg plötzlich, hielt sich am Tisch fest, setzte sich wieder, Schweiß brach auf seinem Gesicht aus, er begann zu zittern. „Bella ist tot", wiederholte er, „sie ist tot."

Die beiden saßen einander gegenüber, bleich, eingefallen, zitternd. „Es ist – es ist – ich kann es nicht aushalten", sagte er und begann zur Wand geneigt, unterdrückt zu weinen, die Hände geballt, die Augen halb geschlossen. Ich darf nicht davon reden, dachte Karl, die geballten Hände betrachtend.

„Wir haben es probiert", sagte Woltra leise, „wir wollten es haben, wir waren sicher, daß es geht. Und wenn nicht, wir wären zurechtgekommen – sie hätte es gelernt." Beide schwiegen. „Glaubst du nicht, daß sie es gekonnt hätte?" frage Woltra leise.

„Sicher, zeitweise, man muß nur wollen."

„Und sie hat sich umgebracht, mit Morphium …"

„Umgebracht?" fragte Grundner fassungslos, denn er hatte nicht einen Augenblick an anderes gedacht.

„Ja, ich war drei Tage nicht dort, ich wußte ja nichts", wieder sank seine Stimme. „Ja, man fand sie tot."

Man hatte angenommen, daß Bella eine zu große Dosis Schlafpulver genommen hatte und ließ auf dem Friedhof ihren

Körper aufbahren. Grundner ging hin, um von ihr Abschied zu nehmen. Sie lag klein, zierlich, friedlich dort.

Die Wangen waren ein wenig gerötet, wie man es in Amerika zu tun pflegte, und die Spur eines Lächelns lag um ihren Mund. Grundner betrachtete lange Zeit kniend ihr Gesicht. Sie war kindlich und offen, wenn sie auch Gift brauchte. Sie hatte den nicht wollen, der sie liebte, und den bekommen wollen, der sie nicht liebte bzw. der sich nicht eingestand, daß er sie liebte, weil er Angst hatte, von ihrer Unruhe mitgerissen und zerstört zu werden. Aber vielleicht war auch das nicht wahr, vielleicht hätte er nach und nach Kraft und Ruhe geschöpft, um sie auf dem rechten Weg zu halten.

Das Leichenbegängnis war einfach und kostbar. Woltra ging düster und in sich gekehrt, nachdem er allen die Hand gegeben hatte, bald allein seinen Weg. Frau Pfaller schluchzte noch leise zwischen den anderen Gästen, dann bestieg sie den Wagen, den ein Freund des Hauses ihr geliehen hatte, und die anderen zerstreuten sich. Grundner ging mit Kilba und Lotte fort.

„Ich habe ein paar Zeichnungen von Bella gemacht", sagte Kilba, „und du kannst ein paar haben. Du hast Bella gerne gehabt, wenn du auch nicht viel von ihr gesehen hast in der letzten Zeit." „Ja, das ist wahr", antwortete Karl.

Sie setzten sich auf die Bank und betrachteten die Bilder. Grundner nahm drei, dann verabschiedeten sie sich voneinander. „Komm bald zu uns", sagte Lotte herzlich, „schau dir Kilbas Sachen an, er zeichnet noch zehnmal besser als früher."

„Sie meint das Gegenteil", behauptete Kilba lachend, „aber sie wird's schon noch lernen."

Grundner verlor jetzt alle Lust zum Studium, er war schweigsam und niedergeschlagen, und wenn er eine halbe Stunde gearbeitet hatte – ohne genau zu wissen, was er lernte –, sprang er plötzlich auf, riß den Hut vom Nagel und rannte die Stiege hinunter. Im Kaffeehaus, auf der Straße, im Museum ging er herum, notierte und schrieb kleine Notizen, um wieder plötzlich fortzugehen und andere Bekannte aufzusuchen. Die Grenzen, die er für seine disziplinierte Arbeit gezogen hatte, erschienen ihm zu eng und die Weite des Studierzimmers, in dem er auf- und abging, um die lateinischen Worte zu wiederholen, ebenso die mathematischen Formeln – er kannte sie gut und systematisch –, war unmenschlich eng, er konnte einfach nicht zuhause sein.

„Ich bin wieder wie damals, als ich dich traf", schrieb Grundner. „Ich hätte damals alles getan – ich habe ja auch alles getan, ich habe Geld unter den Füßen, muß nicht in enger Stube mit anderen hausen und mit kleiner Arbeit leben, aber glaube mir, ich halte es nicht aus. Ich muß kleine, fast unwahre Dinge schreiben …"

„Das nützt mir alles nicht mehr. Ich will meine Bücher nicht mehr sehen, ich habe genug davon. Von allen Gelehrsamkeiten habe ich genug, ich will alles beiseite schieben, ich bin zu ungeduldig. Bella ist gestorben, von den anderen sehe ich wieder manche Leute. Auch schreibe ich kleine Notizen wie ehedem. Wenn ich nur wüßte, was ich anfangen soll. Gib mir einen Rat. Ich habe noch Geld, ich habe es für drei Jahre eingerichtet, es ist nicht verschwendet. Aber ich weiß nicht, was ich tun soll. Es ist alles zu klein, ich werde nie damit genug haben. Dein unglücklicher Karl."

Alley schrieb zurück: „Ich werde sofort alles tun, um Dich herkommen zu lassen. Es geht schon, mit viel Protektion und Hilfe. Schreib fleißig über dich. Laß Dein Studium sein, und sieh Dir die Welt an, so klein sie bei euch ist. Du wirst hier so viel sehen, daß Dir die Augen übergehen, ein wenig davon wirst du begreifen."

Marie Frischauf 1931 beim Bergsteigen, Postkarte an Arnold Schönberg (Library of Congress, Washington)

*Marie Pappenheim um 1910
(Foto aus Neue Zeitschrift für
Musik)*

*Hermann Frischauf um 1920
(Foto: Willy Hlosta. Öster-
reichische Nationalbibliothek –
Bildarchiv)*

E I N L A D U N G

Donnerstag, den 8. Februar, abends 8 Uhr 30

im Schiefer-Saal, Venustiano Carranza 21 (I. Stock)

Dichtung und Prosa

v o n

K A R L   K R A U S

Dr. Marie PAPPENHEIM: Eroeffnungsworte

Albrecht Victor BLUM: Begegnungen mit Karl KRAUS

Brigitte CHATEL, Steffanie SPIRA, Guenther RUSCHIN, Albrecht Viktor BLUM

lesen aus:

"Die Letzten Tage der Menschheit"

und anderen Werken von Karl Kraus

Eintritt: 1.50 Pesos — Fuer Mitglieder: 75 centavos

H e i n r i c h   H e i n e - K l u b

Asociación Cultural Antinazi de habla alemana

Apartado 9246 — México, D. F.

*Einladungskarte des Heinrich Heine-Klubs von 1945 für die Karl
Kraus-Veranstaltung (Nachlaß Bruno Frei, Dokumentationsarchiv des
österreichischen Widerstandes, Wien)*

81

Marie Frischauf 1949 in Wien
(Archiv Marcus G. Patka)

Marie Frischauf um 1944 mit Lisa Freistadt, der Tochter von Bruno Frei
(Archiv Marcus G. Patka)

Marie Frischauf mit dem Rücken zur Kamera am Klavier sitzend (um 1945 in Mexiko), außerdem Leo Katz (sitzend 1. von rechts), Erwin und Marcel Rubin (sitzend 2. und 4. von rechts) (Dokumentationsarchiv des österreichischen Widerstandes)

Die Handschriften zweier in der Fackel *erschienenen Gedichte (Wiener Stadt- und Landesbibliothek, Kraus-Archiv)*

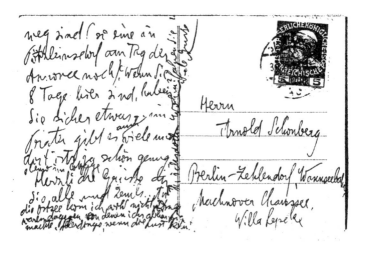

Eine der Postkarten von Dr. Mizzi Pappenheim an Arnold Schönberg
(Library of Congress, Washington)

Gedichte aus der *Fackel*

Seziersaal

Ein Weinen klingt in meiner Seele nach –
Ich weiß von jemand, den das Leben brach.

Sein Mund ist bleich und seine Augen müd',
Wie einem, der des Nachts ins Dunkel sieht.

Und meine Hand ist schmal und kühl und still,
Die er auf seine Augen legen will.

Wie traurig sein Verlangen mich umweht,
Daß mein gequältes Herz sich selbst verrät.

Dies Herz, das Leben, Taumel, Flammen denkt,
Sich einem Müden, Wunden, Kranken schenkt. –

Die Toten starren steinern und beschwören:
Zu früh, mein Kind, mußt du zu uns gehören.

Trennung

Kalt sind deine Hände,
Keiner weiß mehr ein Wort.
Nun will deine Hast zum Ende ...
Über dem grauen Gelände
Gleitet die Sonne fort.

Auf den dämmernden Straßen
Liegt der rote Schein.
Den wird die Erde mit blassen
Lippen noch einmal fassen ...
Dann muß sie im Dunkel sein.

Vor dem Konzert

Bald werden Schatten über uns fliegen,
Wird der Saal wie im Dunkel liegen
Und die Legende des Lebens versiegen.

Keiner wird mehr vom Andern wissen.
Einsam in endlosen Finsternissen
Werden wir Fiebernden wandern müssen.

Durch Gewesenes werden wir schreiten,
Versunkene Sehnsucht wird uns begleiten,
Und das Zögern zerfließender Zeiten

Wird mit den törichten, fernen, vielen,
Nie befriedigten Kinderzielen
Und mit den Lügen des Lebens spielen ...

Prima graviditas

Mit schweren Schultern müßt ihr schreiten
Und müdem, unbewußtem Schritt,
Als zögen verlorne Dunkelheiten
Und Scham der Seele und Wollust mit.

Auf euren Lippen brennt ein Dürsten
Nach kostbarer Speise und fremdem Wein,
Als würden Könige und Fürsten,
Die euer Leib nährt, einstens sein.

Euer Lächeln ist wie das der Gefall'nen,
Ohne Hoffnung und ohne Dank,
Scheu und schimmernd, wie in metallnen
Schalen dunkelroter Trank.

Sehnsucht späht und Selbstverachten
Aus eurer Dumpfheit so weit, so weit!...
Da strahlen fremd und keusch die durchwachten
Blassen Nächte der Mädchenzeit...

Und sehen weiße Lilien ranken,
Seltsamer Düfte schwer und voll,
Aus deren gelbem Kelch und schwanken
Stengeln der Wunsch des Fiebers quoll.

Und irren lüstern nach dem Herde,
Auf dem die Glut der Begierde raucht...
Doch kindlich wird Euch Blick und Gebärde,
Wenn eure Hoffnung ins Werden taucht.

In: *Die Fackel* Jg. 8, Nr. 202, 30. April 1906, 23–24

Gedichte für Arnold Schönberg

Marie Pappenheim
mit tausend Wünschen, daß Dir noch viele Jahre Glück und
Arbeit beschieden seien.
13.IX.1924

Aus den Gedichten bis 1908

Weg

Erschöpft von unsichtbaren Lasten,
Auf ewig weiten unbewegten Straßen,
Die fern ins stumpfe Grau des Himmels blassen,
Muß ich zwecklose Wege einsam hasten.
Die Welt ist weit – mein Sinnen will nicht rasten.

Die Welt ist weit. – Erdrückend rückt der Tage
Zielloser Ablauf, den ich nie ergründe.
Die Wolken lagern dicht um mich – die Winde
wecken mich nachts mit ihrer Klage.

Ich wandre fort. – Und sehe, die mir gleichen,
Gehen gesellt, mit heiterem Gesichte,
Und ihre Augen locken wie im Lichte.
Die Hände streck ich aus – und sie entweichen …
Mein Sehnen wächst … Und kann sie nie erreichen.

Am Fenster

In fernen Kammern wohnen welche,
Von Träumerglut die Sinne voll,
Und harren, daß des Lebens Kelche
Das Schicksal ihnen reichen soll.

Die Tage gehen, die Stunden wandern,
Von grauer Ewigkeit verzehrt.
Die Jahre folgen still den andern
Und ihre Sehnsucht wogt und gärt.

Die Liebe kam in weißen Falten,
Ihr Antlitz strahlte durchs Gemach.
Sie fiebern träumend den Gestalten
Wollustgeformter Wolken nach.

Die Freude läutet von den Türmen,
Die Wiesen duften süß herein
Und ihre bangen Herzen stürmen
Vor Wunsch und Glückverlorensein

Und horchen doch nur auf die Töne,
Womit die Nacht die Welten weiht,
Wenn sie in unbegrenzter Schöne
Gestirne an Gestirne reicht.

In kurzem irdischen Feuer brennt
Ihr Herz, da sie die Lieder fühlen,
Die auf der Sonnen Instrument
Der Gottheit leise Finger spielen.

Verborgene Liebe

Wie lang ich davon zu träumen
      Zu leben wüßt,
Daß mein Mund einmal im Dunkeln
      Dein Haar geküßt
Wie stets es in neuen Schauern
      Mein Herz verführt,
Daß deine Finger unachtsam
      Mein Kleid berührt.

Wie hell und wild und gewaltsam
      Pocht mein Blut,
Weil deine Hand einen Augenblick
      Auf meiner geruht …

Träumer

Menschen gibt's, die mit traumesweiten
Augen durch dieses Leben schreiten.

Die den Worten der Anderen lauschen
Wie ferner raunendem Windesrauschen.

Die aus unbegriffenen Fernen
Fremder Welten Geheimstes lernen

Und mit unverstehendem Grauen
Ihr eigenes sinnloses Leben schauen.

Die wandeln über spitzigen Steinen,
Träumend – und wissen nicht, daß sie weinen,

Die, wenn ihre Blicke sich entfärben,
Taumeln – und wissen nicht, daß sie sterben.

„Ich sah blasse Kinder"

Sie leben
In engen Gassen, wo der Wind sich fängt
Zwischen den Mauern wie verirrte Klagen.
Der schwarze Stein, vom Alter wie versengt,
Kann kaum die Last der Zeiten länger tragen.

Ein schmaler Himmel, müd und grau verhängt,
Will nichts von Welt und Leben draußen sagen.
Und selten dürfen sie, mit flüchtigem Wehen,
Ein Schimmern hoch auf düsteren Wänden sehen,
Das ihrer Sehnsucht mild die Sonne schenkt …

Aus: „Irrfahrten"

Nachts vor seinem Hause

Die Fenster sind schneeverweht, du siehst nicht hinein.
Was stehst du gebannt?
Umkreisest du gierig fremden Glückes Schein
Am Straßenrand?

Du magst nur weitergehn, da niemand dich hält ...
Die Wege verschnein ...
Und schweigt der Sturm, so schweigt das stöhnende Feld
Und du bist allein.
Du wolltest allein sein, bautest nicht Heim und Haus,
Dein Los verfiel ...
Nun wandre schweigend in deine Nacht hinaus
Nach dunklem Ziel ...

Spaziergang

Der Sturm zerstäubt die Schritte hinter mir,
Vor mir die weiße Fläche jagt den Schnee
In hellen Nebeln über meinen Weg. –
Mein großes Glück begrub der Winter mir.

Der schwarze Flügelschlag der Raben fällt
Mit hartem Knistern durch die schwere Luft.
Fast mir zu Häupten und beeilt die Flucht
Der Sehnsucht aus der leergewordenen Welt …

Spielerei

In allen Farben singt mein Herz ...

Abends still beisammen:
Sommerblau dringt durch die geschlossenen Lider.
Flut lächelt und schmiegt sich und du bist das Meer ...
Oder bist du ein wiegender Himmel, der mich umfängt?
Dein Atem trägt und löst mich Betrunkene,
Das Zittern in meinem Herzen fließt über den Rand
Und verebbt im Wellenschlage des blauen Lichts
In den Dämmerungsgrenzen des Abendhimmels ...

Ich werde an seiner Seite gehen:
Waldgrün – sonnentiefer Gesang.
Über Wiesen zärtliches Frühlingslicht.
Wind streichelt mich.
Und von fernen dunstigen Bergen herab
Behütet der Sommer
Unsere Wanderung und unsere beseligten Herzen.

Ich will alles von seiner Liebe tragen
Gelb brandet die Wüste.
Stechendes Licht fällt vom Himmel,
die Wolken sind wie Schwefel ...
Meine Hand ist in diesem Licht wie verbrannt,
Mein Gaumen verdurstet, die Füße wanken,
Lodernde Reifen schmiedet die Sonne um meine Haut
Aber du hast mich hieher gesandt.
(Viele Märtyrer litten Qualen in der Wüste)
Und ich lächle mit versengten Lippen,
Denn du bist in meinen Gedanken ...

Ich glaube, daß du mich liebst.
Mit roter Stirne springt ein Feuer auf,
Meine Augen erglühen vor seinem Hauch.
Die Flammen deiner Hände in meinen Haaren …
Kann ich anders leben als an deinem Herzen?
Je anderswo leben?

Du liebst mich nicht …
Schwarze Schatten rasch daher
Wolken oder Gräber oder Wellen …
Die Schwärze wächst und schwillt wie ein Meer.
Wahnsinnig such ich das Licht deines Blickes
Deine Hand – oh … deine Stimme … hilf mir
Mein Herz erstickt – mein Herz …

Im Dunkel enden alle meine Farbenspiele.

Aus: „Zusammenfassung. Erste Stufe"

Die Frommen

Ewig irr zwischen Gut und Böse,
Tausend fremde Dinge entlang
Tasten wir bang
Und harren, daß sich das Rätsel löse.

Licht ist das Leben an lichten Tagen,
Hell ist sein Haar, heiter sein Kleid.
Aber kannst du den Nachtwind ertragen
Der um dein einsames Fenster schreit?
Hörst du ihn nicht auf schwankenden Schwingen
Feierlich – fremde Grüße bringen
Aus umschatteter Ewigkeit?

Wege gehn wir, unverstanden,
Keiner weiß, woher und wohin.
Menschen stürzen, die dich umstanden.
Der dich leitet, weiß den Sinn.

Am Ende die verhüllte Gestalt
Mit ewig gleicher Gebärde ...

Da ist kein Ziel, da ist kein Halt.
Wir kommen alle an ihre Gewalt
Und sinken versehrt zur Erde.

Das ewige Dunkel kann niemand fassen,
Das lautlos an ihren Sohlen hängt.

Du mußt dich vertrauend fallen lassen…
Einer ist dort, der dich empfängt.

Wie könnten wir leben, wie könnten wir lachen
Zwischen des Daseins verwirrenden Schrecken
Fühlten wir Ihn nicht über uns wachen
Und seine Hände uns gnädig decken!

Der Chor:
Sie brauchen jemand, der stark ist
Und zu helfen bereit…
Der wie ein verschwiegener Sarg ist
Für Sünde, Qual und Neid.
In dessen Dunkel die Sehnsucht
Sich ohne Scham entblößt…
Der alles, was Verstehn sucht
In seiner Stille erlöst…

Aus: „Dramen in einer Szene"

Innige Zuneigung

Aus wetterverbrannten Zonen wir zwei zusammen,
geweht von den Winden.
Ich werde ruhig, wenn jemand mich hält. Kannst
Du nicht Frieden finden?

Schmale Gärten hab ich neben dem Weg für
Uns gezogen.
Hielten sie doch deinen Blick! Zu weit hat
Sich deine Qual verflogen.

So oft hast du erdmüde die stummen Himmel
Wieder und wieder durchmessen!
Willst du nicht eine Weile auf Blumen sehen
Und alles vergessen?

Durchforsche nicht düster am Horizont
Erträumten Welten nebligen Widerschein.
Sieh, wie unsere Herzen den Kies uns zu Füßen
Mit Farben und Wärme bestreun ...

Sternhäuptige Wolkenhäupter, sturmaltes Rufen bei Nacht ...
Hat nicht jeder von uns schauernd und
Horchend die Stunden zugebracht?

Zu tief hat das einsame Feuer, mein Freund
Deine Stirne verwüstet.
Laß sie in meinen Armen ruhn, eh sie neue Wanderung rüstet

Und gib dir nur einen Augenblick Rast in
Menschlich-enger Nähe.
Dir, den ich zitternd aus unbeachteten Wunden
Verbluten sehe ...

Versuchung und Widerstand

(„Monolog" mit Gott)

Da du mir endlich Glück und Ruhe gegeben hast
Und das einfache Anschaun meiner Pflicht und des
Glaubens um dich,
Hilf mir jetzt.

Wieder durchrast der Sturm mein Blut,
Der mich zu den fremden Küsten hintreibt,
Zu glühenden Wüsten, darinnen ich dich nicht anbeten kann …
Wirf mich nicht wieder meinen Leidenschaften hin,
Ich weiß nicht, wie viel sie von deinem Weg mir verstellt haben,
Wie viel ich begehren durfte, was dort Maß meiner Sünde war,
Daß du mir zugeteilt hast, um mein Leben zu begnadigen, nicht
um es zu verwerfen.
Ich weiß nicht, wo meine Sehnsucht nach Liebe und nach
Menschen in die Sehnsucht nach dir mündet.
Die Zärtlichkeit, die mein Herz durchrinnt,
Wenn ich eines Menschen gütige oder süße Hand fasse,
Bis zu welcher Grenze sie mir von dir erlaubt ist …

Einmal folgte ich einem, den ich von dir gesandt glaubte,
Mich zu führen, mich alles lieben zu lehren, was
Du an Gutem und Bösen geschaffen hast.

Der Stern verließ mich, ich vielleicht ihn – mein
Herz fürchtete die Abgründe der Trauer,
Ich warf mich allem entgegen, jeder Leichtigkeit entgegen
Weil ich solches Leid noch nicht ertragen konnte.

Dann gabst du mir alles, was milde ist.
Was das Herz besänftigt – einen ruhigen Weg,

Leichter für mich zu gehen.
Leichter gebunden der Fuß, viel Raum noch für meine
unruhigen Sinne,
Die nicht stille werden, von dir mit dem empfindlichen Anreiz
der Wolken und Winde begabt
Du neigtest mir ein großes, kindliches, von dir
Durchwühltes, von dir in ewiger Rastlosigkeit
durchwühltes Herz,
Dem du allein hilfst – Stütze bin ich, die es kaum fühlen darf.
Dir ist die Führung behalten – kaum wage ich,
Zu deuten, was ich zu verstehen glaube,
So viel sicherer deutet es dies Herz scheinbar verwirrt und
ohne Aufmerksamkeit.

Da ich endlich wieder lichte Morgenwiesen erkenne,
Den Sprung des Wassers über Kiesel erkenne,
Wege im Frühlicht, goldene Felder des Mittags,
Der Ferne wandernder Menschen, die Biegung und
neue Erhöhnung des Tales,
Und alles das, was ich vergessen glaubte,
Nie mehr für mich fühlbar …
Ich glaubte, ich würde dich nie mehr anders erkennen
als durch einen Gedanken,
Verknüpfungen von Erinnerungen, Anhauch alten Duftes,
rasch verschwunden
Nie mehr verstanden. Alles vorbei, vorbei …

Laß mich nicht wieder in die Verwirrung stürzen,
In der ich nichts begreife, als einen Andern und ich.
Alles, was ich fühle, breite ich wieder vor dem Einen aus.

Ich schäme mich nicht mehr – ich will nur, daß er mich liebt.

Nachgeben und letztes Gebet

Vor allem bewahre mich von diesem Zwiespalt
Den Gedanken an dich zur Eitelkeit zu benutzen
Menschen damit zu betören, mich mit irgend
Zu schmücken, was du meiner Seele
In tiefster geheimnisvoller Gnade verliehen hast –
Was ich als Geheimnis vertraut fühle, wovor sich meine
Worte scheuen …

Laß mich nicht in die Worte gewöhnen,
Da ich fühle, daß Heiliges durch sie entheiligt wird.
Laß mich wenigstens in tiefster Seele dir
Demütig und ergeben bleiben,
Da ich die Oberfläche meiner Gefühle wild –
Hingebungsgierig den Stürmen überlasse,
Die die Erde in überwältigender Heftigkeit
Durch meine Sinne und Gedanken schickt

Gib mir Treue für dich und die tiefe Treue
Für alles, was ich in dir verbunden fühle,
Und lehre mich, die Erlaubnis nicht zu mißbrauchen,
Welche die Freiheit mir schuf,
Die du meinen Sinnen mitgegeben
Hast und meinem Gewissen –

Hilf mir vor allem, daß ich niemanden
Elend mache.

Gedichte von Marie Frischauf aus der Exilzeit

Zwei Gedichte aus Frankreich

La Bourboule, Puy de Dôme

Frühling kam endlich ins Hochtal
über den silbernen Himmel.

Schneller strömt der Fluß
Über die braunen Kiesel,
Sprühender spielen die Wirbel
Über den weißen Sand.
Noch nicht duften die Blüten,
Aber ein wilderer Duft
Braut sich aus Strahlen der Sonne,
Aus den Keimen der Erde,
Aus den Wellen des Wachstums
In die bezauberte Luft.

Oh, wie elend vergaß ich
Die Bewegung des Frühlings
In dem eisigen Kummer
Dieses entsetzlichen Jahrs.
Hastiger eilt nun mein Herz
Mitgeführt von den Wolken,
Fortgezogen vom Westwind
Aus den erstarrten Bezirken
In die erneuerte Welt.

Ende März 1941

Lager Gurs

Wenn hinter Bergen, die mächtige Sonne versinkt,
Glaubst Du noch immer, der Ewigkeit lodernde Fernen
zu sehen.
Goldene Teiche erglühen im grauen Gewölk,
Und wenn der Nebel der Berge Umriß verhüllt,
Steigen vervielfachte Gipfel zum Himmel empor,
Aus den getürmten Gebirgen der Wolken empor...

Leicht und glücklich wandert dein Aug die Stufen
Immer luftigere, lichtere, hinauf zu den ewigen Sternen,
Staunt in des Weltalls unermeßliche Wunder,
Träumt und hofft der befreiten Erde frohe Beglückung.

Und wie je vergißt du leichtherzig die nahe Bedrückung,
Stacheldraht, Bombe, Gewalttat und tödliche Drohung.

In: *Freies Deutschland* (Mexiko) 3. Jg, Nr. 9, August 1944, 10

Rückkehr

Endlich losgerissen vom täglichen Leben,
Hat meine Seele die blutige Erde verlassen,
Horcht nicht mehr dem Laut des zerschellenden Regens,
Horcht dem endlosen Wandern der Wolken und Stürme ...

Kannst du denn dies noch, mein Herz? –
Von Grauen umgeben,
Mitgeschmiedet in Kerkern der Freunde und Liebsten,
Angefordert vom Hilfeschrei der Gequälten, –
Kannst du denn dieses noch? –
Auf den Flügeln der Sehnsucht,
Dich dorthin erheben, wo nur Unendlichkeit und Geheimnis
Sich mit der Stille der ewigen Dinge umfangen?

Ach, schon sink' ich, vom Rufe der Brüder getroffen,
Wieder nieder ins Tal der Trauer und Tränen!
Aber der Augenblick selbst – wie Schlaf von Sekunden,
Hastig erhascht im Ablauf des reißenden Tages –
Straffte mein Herz und stählte den Mut und die Klarheit,
So daß nun wieder die Erde, die teure traurige Erde,
Wie im Morgenrot ihrer künftigen Freiheit vor mir liegt,
Und der Schrecken der Feinde tief unter mir,
Klein, übersehbar, und leicht zu besiegen.

In: *Austro American Tribune*, September 1944

Aufwachen bei Nacht

Oh, so viele Wunden, Qualen, Schmerzensschreie,
Zerschossene Augen, Krüppel, Brandbedrohte,
Verstümmelt Leben, fortgeschleppt in Reue
Und so viele Tote, Freunde, so viele Tote!

So viel verlorenes Glück, so vieler Kummer.
So viele Kinder, die allein geblieben,
So unermessene Tränen, wenn im Schlummer
Verhallt der Klageruf der längstverschollenen Lieben …

**

Im warmen Bett, in den geschützen Räumen,
Kannst du ausruhn und träumen.

In: *Demokratische Post* (Mexiko), 1.11. 1944, 3

Nach diesem Kriege

Nach diesem Kriege werden wir uns sammeln
Aus Kerkern, aus den Lagern, aus den Heeren.
Die Frauen weinen und die Männer stammeln
Und Dankgesänge flammen aus den Chören.
Doch flechtet eure Hände nicht zum Reigen
Der Freude und der süßen Friedenslieder.
Seid nicht zu schnell dem sanften Glück zu eigen.
In stummen Reihen liegen unsere Brüder!
Die Hände hebt mit mir zum Schwur!

NIE WIEDER

Nie wieder soll Banditenfaust die Züge
des Angesichts der Menschheit so mißhandeln.
Nie wieder soll Gewalt und freche Lüge
Ein feiges Volk in Bestien verwandeln.
Nie wieder soll das Gierige und Schlechte
Als Führer sich zu unserer Schmach erfrechen.
Nie wieder soll das Gold habsüchtige Knechte
Bewaffnen dürfen, um der Menschen Freiheit zu zerbrechen.

In: *Austria Libre* 4 (1945) 4–5, 10

Marcus G. Patka

Nachwort

Literatur versus Medizin – Marie Frischauf,
geborene Pappenheim

„Ich wollte nicht als Lyrikerin durchs Leben wandern. In meinen
Augen vertrug es sich nicht, Ärztin zu sein, daß heißt, mit beiden
Füßen in der Wirklichkeit zu stehen, und zugleich lyrische Ge-
dichte zu veröffentlichen."[1] Mit diesen schlichten Worten erläu-
terte Marie Frischauf 1949 die Entscheidung ihrer Jugend, nicht
als anerkanntes Mitglied der Wiener Moderne um Arnold
Schönberg und Karl Kraus dem Leben der Bohème zu frönen,
sondern es ganz in den Dienst am Mitmenschen zu stellen.
Verkürzt läßt es sich so ausdrücken, daß das unmittelbar erlebte
Grauen des Ersten Weltkriegs ihre Dichtung verstummen ließ,
während das aus der Ferne erlebte Grauen des Zweiten Weltkriegs
sie wieder erwachen ließ. Die Diskontinuität ihrer Laufbahn als
Schriftstellerin offenbart sich schon in der Zahl der verwendeten
Namen ihrer vereinzelten Veröffentlichungen: Frühe Gedichte
vor dem Ersten Weltkrieg wurden unter dem Pseudonym Maria
Heim ediert. Erst 1949 erschien im Globus Verlag ihr erstes
Buch, der Roman *Der graue Mann*, unter dem Namen Marie
Frischauf; und 1962 kurz vor ihrem Tod im Europäischen
Verlag unter Marie Pappenheim-Frischauf ein Band mit dem
schlichten Titel *Gedichte*, der mitunter als *Verspätete Ernte zer-*
streuter Saat bibliografiert wurde. Hinzu kommen noch einige
verstreute Gedichte und Beiträge in Zeitschriften des Exils als
Marie Pappenheim und Marie Heim bzw. H.M.

Auch ranken sich Gerüchte um ihr literarisches Schaffen, z.B. daß sie „französische Theaterstücke übersetzte und andere selbst schrieb, die noch immer aufgeführt werden"[2], oder daß sie in der Zwischenkriegszeit für die Kroll-Oper in Berlin die Libretti zu *Der arme Matrose* von Darius Milhaud und *Angélique* von Jacques Ibert ins Deutsche übersetzt und „in Wien Gedichte, Kurzgeschichten und Aufsätze"[3] veröffentlicht habe. All das konnte bislang jedoch nicht aufgefunden werden. Möglicherweise wollten wohlmeinende Freunde ihr eine literarische Bedeutung zuspielen, die sie in dieser Form nie erlangt hatte.

Geboren wurde Marie Pappenheim am 4. November 1882 in Preßburg, drei Jahre später übersiedelte die gutsituierte Familie nach Wien. Zahlreiche Rabbiner und Wortführer des Zionismus zählten zu ihren Vorfahren bzw. direkten Verwandten. Ihre Schwester Gisela promovierte in Chemie und Philosophie, ihr Bruder Martin (1881–1943) war ein bekannter Neurologe und Psychiater, der 1917 den Attentäter von Sarajewo unter Beobachtung hatte.[4] Die Matura schloß Marie Pappenheim am 7. Juli 1903 ab, erstaunlicherweise aber nicht in Wien, sondern in Czernowitz. Es könnte vermutet werden, daß sie entweder dort Verwandte hatte, oder daß ihr der Weiterbesuch einer Schule in Wien aus disziplinären Gründen verwehrt war. Im Wintersemester desselben Jahres gehörte sie zu den ersten Frauen, die an der Medizinischen Fakultät der Universität Wien inskribierten – gegen den Willen der Eltern, stattdessen mit der finanziellen Unterstützung eines Onkels. Die Promotion zum Doktor der Allgemeinen Heilkunde erfolgte am 16. Juni 1909, alle drei Rigorosen wurden mit der Note „genügend" absolviert, doch betrachtet man die Beurteilungen anderer Kandidaten dieses Jahrgangs, so ist dies keine Seltenheit.[5] Auch mag es sein, daß die Herren Professoren einer Frau damals keinen besseren Abschluß zubilligten. Als Spezialgebiet hatte sie die Dermatologie gewählt, die Behandlung von Haut- und Geschlechtskrankheiten.

„Ich habe als junge Medizinerin lyrische Gedichte geschrieben. Ohne mein Wissen trug sie eine Kollegin zu [Karl] Kraus, der sich sofort einige heraussuchte und veröffentlichte. Die übrigen brachte er zu einem Verlag. Ich habe sie mir aber wiedergeholt."[6] Wer aller hätte sich damals nicht gerne von Karl Kraus fördern lassen, und wer wagte es damals schon, einem Karl Kraus zuwiderzuhandeln. Bemerkenswert bleibt auch die Tatsache, daß es neben ihr insgesamt nur sechs weitere Frauen gab, von denen Texte in die *Fackel* aufgenommen wurden: Else Lasker-Schüler, Margarethe Beutler und Grete Wolf mit Lyrik sowie je eine Zuschrift von Elisabeth Förster-Nietzsche und Tamara von Hervay, weiters die Übersetzung eines Kommentars von Karin Michaelis zu einer Kraus-Lesung. Marie Pappenheims Gedichte in der *Fackel* zählen zu ihren reifsten: In *Vor dem Konzert* verweist sie lange vor Thomas Mann auf die anti-aufklärerische Komponente der Musik. *Im Seziersaal* reflektiert über ihre ersten Erfahrungen als Medizinerin, *Trennung* thematisiert den Abschied von einem Mann und *Prima graviditas* über die Veränderung, die die Schwangerschaft in einer jungen Frau bewirkt. In der als Fußnote angefügten Anmerkung des Herausgebers heißt es: „Eine in Wien lebende Dichterin, die mit diesen Proben hervorragender Begabung zum erstenmal vor die Öffentlichkeit tritt."[7] Festzuhalten bleibt, daß diese Gedichte dezidiert aus der Perspektive einer Frau geschrieben waren, ein konstitatives Moment ihres ganzen Werkes. Im Kraus-Archiv der Wiener Stadt- und Landesbibliothek findet sich die Handschrift von *Seziersaal*, aus welcher hervorgeht, daß es einmal einen Zyklus gleichen Titels gab.[8]

Zu Karl Kraus war Marie Pappenheim über Arnold Schönberg gekommen, außerdem zu Alexander Zemlinsky, Anton von Webern, Franz Werfel, Gustav Mahler und Oskar Kokoschka, auch Else Lasker-Schüler dürfte sie kennengelernt haben. Besonders mit Zemlinsky und seiner Frau verband sie eine langjährige Freundschaft. Pappenheims lyrische Begabung wurde insbesondere von Arnold Schönberg erkannt und gefördert: Im Jahr 1909 verfaßte Marie Pappenheim das Libretto für sein erstes Bühnenwerk *Erwartung* (opus. 17). Retrospektiv erinnerte sie sich: „Es war auf dem Land, in Steinakirchen [am Forst, Niederösterreich]. Wir waren eine große Gesellschaft: Schönberg, seine Schüler, Alban Berg, Anton Webern, Erwin Stein. Da sagte Schönberg zu mir: ‚Schreiben Sie mir eine Oper!‘ Ich sagte: ‚Eine Oper kann ich nicht schreiben. Höchstens ein lyrisches Monodram.‘ Schönberg daraufhin: ‚Schreiben Sie, was Sie wollen!‘ Ich fuhr kurz darauf an den Traunsee zu Freunden und schrieb dort dieses durch und durch lyrische Monodram. Es ist eigentlich ein Liebesbrief – aber nicht an Schönberg! Es war in drei Wochen fertig, und ich zeigte es Schönberg, der es in drei Wochen vertonte." Über diesen Text und seine Genese sind inzwischen zahlreiche musikwissenschaftliche Abhandlungen publiziert worden. Die ältere Schönberg-Literatur ging zumeist von Schönbergs Urheberschaft am Text aus, inzwischen wurde mehrfach belegt, daß die Idee und der Urtext eindeutig von Pappenheim stammen, daß das Libretto nach einer ersten Fassung von ihr und anschließend von Schönberg noch mehrfach überarbeitet wurde, wobei dieser „das Mystische oder sagen wir Halluzinatorische verstärkt[e]"[9]. Im Zuge des Überarbeitens schrieb sie an Schönberg: „In Wien kursiert, daß Sie mit Kokoschka eine Oper schreiben. Vielleicht wärs doch besser gewesen? Mein Monodr[am] gefällt mir wenig…"[10] Und wenige Tage danach: „Ich habe es niemandem gezeigt, nicht einmal Zeml[insky]. Mir gefällt es eben nicht. Früher schrieb ich nicht, weil ich furchtbar gehetzt war. Jetzt geht es halbwegs. Daß Sie schon fertig sind, gibt mir neuen Mut."[11] *Erwartung* war Schönbergs erstes Bühnenstück, es handelt von einer Frau aus der gehobenen Gesellschaft, die sich auf die Suche nach ihrem verschwundenen Geliebten macht und dabei immer tiefer in einen Wald vordringt, bis sie, nunmehr blutverschmiert und mit zerrissenen Kleidern, ihn tot vor dem Haus einer Nebenbuhlerin auffindet, wobei auch nicht ausgeschlossen werden kann, daß sie ihn aus Eifersucht umgebracht hat. Während sie sich zu Beginn noch in abgegriffenen Worthülsen ergeht, so verändert sich ihre verknappte Sprache – parallel zu ihren sich ins Unerträgliche steigernden Ängsten, die sich in sehr unterschiedlichen Nuancen und Schattierungen äußern – immer mehr zu assoziativen Fragmenten ohne Syntax und Grammatik. Das traditionelle Frauenbild der Jahrhundertwende wird demaskiert, der Verlust des „Lebensinhalts Ehemann" führt zu innerer Zerrüttung und Wahnsinn. „Für einen Musiker des hochgespannten Ausdrucks wie Schönberg war es der ideale Text. Was ihm vorschwebte, die Konzentrierung einer dramatischen Handlung auf ein Minimum von Personen und Schauplätzen, war hier gegeben."[12] Dies wurde jedoch nicht immer so gesehen, lange beherrschte Adornos schallendes Diktum vom „Expressionismus aus zweiter Hand"[13] die Rezeption. „Über den Text, den eine Frau – Marie Pappenheim – geschrieben hat, ist viel genörgelt worden, von hysterischer Übersteigerung und ähnlichem ist die Rede; kaum ein anderer jedoch wäre imstande, das Ende der männlichen Romantik diskreter einzuläuten."[14] Bei *Erwartung* handelt es sich innerhalb der Opernliteratur nicht nur um eine der überaus seltenen Textdichtungen einer Frau, sondern darüber hinaus auch „um das vielleicht einzige Libretto aus spezifisch weiblicher Sicht"[15]. Die Inszenierung gestaltete sich überaus schwierig, ein Versuch von Graf Seebach und Ernst von Schuch 1914 fiel dem Ersten Weltkrieg zum Opfer, eine Wiedergabe in Mannheim scheiterte am zu kleinen Orchester, auch die Versuche von Regisseur Dr. Ernst Lert in Dresden und Frankfurt scheiterten. Die Uraufführung fand erst am 6. Juni 1924 am Deutschen Opernhaus in Prag statt: Alexander Zemlinsky dirigierte, unter der Regie von Louis Laber bewältigte Marie Gutheil-Schoder den komplizierten Sopranpart. Für große Aufregung sorgte der Fußtritt, den die Protagonistin der Leiche ihres Geliebten versetzt.

Dem weitverbreiteten Hang zu biografischer Deutung folgend, soll abschließend nicht unerwähnt bleiben, daß das Libretto oft in Zusammenhang mit der Affäre von Schönbergs Frau mit dem Maler Richard Gerstl und dessen anschließendem Selbstmord gebracht wurde. Auch glaubte mancher Interpret, die Affinität Schönbergs zur Psychoanalyse nachweisen zu können, da fälschlicherweise eine direkte Verwandtschaft zwischen Marie Pappenheim und der Schriftstellerin und Feministin Bertha Pappenheim angenommen wurde, die mit der Patientin „Anna O." in Joseph Breuers und Sigmund Freuds *Studien über Hysterie* identisch ist.

Seine außergewöhnliche Wertschätzung und Freundschaft für Marie Pappenheim bewies Arnold Schönberg auch dadurch, daß er 1910 ein Porträt von ihr malte, das im Jahr darauf erstmals im Kunstsalon Heller ausgestellt wurde. Zwischen 1909 und 1915 lebte Schönberg größtenteils in Berlin, weshalb sich ein reger Briefwechsel zwischen ihnen ergab. Die Schönberg-Briefe sind verloren, an die 35 Briefe und Karten von Pappenheim erhalten geblieben. Hieraus läßt sich rekonstruieren, daß sie zwischen 1912 und 1915 an einem weiteren Libretto für Schönberg arbeitete, oder daß sie ihm zumindest bei den umfangreichen Vorstudien zur *Jakobsleiter* behilflich war. Schönberg war damals fasziniert von Strindbergs Fragment *Jakob ringt* und Balzacs philosophischem Roman *Seraphita* aus dem Zyklus der *Menschlichen Komödie*. Tragende Figuren sind der himmlische Hermaphrodit Seraphitus/Seraphita und die Sterblichen Minna und Wilfried. 1912 hatte Schönberg Richard Dehmel um ein Libretto gebeten, doch dessen Zusendung fand keine Verwendung. In einem Brief von Oktober

1912 schreibt nun Pappenheim: „Wären Sie eventuell einverstanden, wenn ich irgendwo 3 od. 4 ‚Szenen' einreiche und dazu auch die ‚Erwartung' nehme? Ich glaube das schade ja nichts. Allerdings mache ich doch nichts zu Ende fertig – aber wenn ichs tue, würde das alles zusammen gehören."[16] In einem nicht genauer datierbaren Brief von 1913 heißt es: „Ich schicke die Sache sehr flüchtig gemacht und z.T. nicht direkt übersetzt – habe auch, da ich nicht das Ganze habe, keinen Überblick (ich weiß kaum mehr, was drinnen steht). Die Kürzungen etc. überließe ich Ihnen, die Szenenfolge etc. habe ich im Text erklärt. Für die Überarbeit weiß ich jetzt manches, z.B. daß die Auflehnung Wilfrieds stärker betont werden muß (2. U. 3. Sz) wegen des Ungestüms in der letzten Szene. Ferner: Der ‚Abgrund' zw. Seraph. und Minna, Wilfried deutlicher. Bei Balzac sehr ins Einzelne gehende Korrespondenzen im Benehmen des Mann u. d. Frau, z.B. die Abwehr des Kusses."[17] Auch in anderen Briefen finden sich immer wieder Verweise auf diesen Text. Anfang 1914 gab es einen neuen Anlauf: „Liebe Herrschaften, ich kann keinen langen Brief schreiben, weil ich den ganzen Nachmittag die erste Szene geschrieben habe. Ich schreibe eigentlich nur ab, aber direkt aus dem Französischen, weil die deutsche Übersetzung mir nicht gefällt." Resigniert heißt es dann im Februar 1915: „Fassung find ich nicht mehr für meinem Text – wie soll ich Fassungen finden!"[18] Unmittelbar davor hatte Schönberg seine Selbstzweifel überwunden und selbst ein Libretto begonnen, das im Mai 1917 abgeschlossen war.

Zurück zu Marie Pappenheims Leben, in dem sie sich sozialmedizinisch, pädagogisch und politisch betätigte: Von einer Orientreise zurückgekehrt, berichtete sie 1911 vor einer Hauptversammlung der Konferenz zur Bekämpfung des Mädchenhandels.[19] Ein Jahr danach meldete sie sich freiwillig zur Bekämpfung der Cholera in Konstantinopel und in Bulgarien, doch ohne Erfolg. Hauptberuflich arbeitete sie im Wiener Allgemeinen Krankenhaus, ihre Postadresse war damals Lazarettgasse 14. In dieser Zeit schrieb sie: „Ich lebe geistig von Radium, Physik und überhaupt von Naturwissenschaften. Zu lesen gibt es nichts Rechtes und Musik fehlt mir fast ganz. Aber es kommt alles wieder.“[20] Anfang 1914 lebte sie einige Monate in Paris, um an der dortigen Universität ihre Studien zu erweitern, außerdem belegte sie einen Kurs in Parfümerie und Schminken. Der Beginn des Kriegs machte ein Bleiben unmöglich, im Dezember 1914 heißt es aus Wien: „Ich gehe nächste Woche nach Troppau in ein Epidemienspital. Will viel verdienen für ein ruhiges Jahr, das Gott der Erde bald schicken möge. Ich kann nichts dafür, ich bin für die Verbrüderung der Nationen – wenns auch unwürdig ist während des Krieges.“[21] Ihrer Familie gehe es gut, jedoch: „Der Dichter ist aber mit einem Verwundetenzug, den er nicht im Stich lassen wollte, von den Russen gefangen. Er arbeitet dort in einem Spital.“ Hierbei dürfte es sich um ihren späteren Ehemann Hermann Frischauf handeln. Mitte 1915 war sie in einem Barackenspital bei Bielitz in Schlesien tätig: „Ich bin dem Kriegsschauplatz etwas näher gekommen, damit wie gesagt die Wiener Gemütlichkeit mit ihren viel größeren Schauerlichkeiten mich nicht so tief unglücklich macht. Hier ist allerdings noch nichts zu tun, es wird noch ein paar Tage dauern, bis die Baracken fertig gestellt sind, und ich hab indessen Zeit, mich für die augenblicklich großen Strapazen hier vorzubereiten und ein bißchen über den Krieg nachzudenken. Das scheint meinem verwirrten Geist auch genau so aussichtslos wie anfangs, nur hab ich wegen des bösen Wetters mehr Angst um alle Einzelnen und meinen Bruder und Freunde.“[22] Für die restliche Zeit bis 1918 ließen sich keine Quellen finden.

Unmittelbar nach dem Krieg heiratete sie den aus der Kriegsgefangenschaft zurückgekehrten Dr. Hermann Frischauf, den sie Jahre zuvor im Allgemeinen Krankenhaus kennengelernt hatte. Dieser wurde am 17. Dezember 1879 in Graz als Sohn eines Universitätsprofessors evangelischen Bekenntnisses geboren. Er wurde als hager und verschlossen, doch überaus warmherzig geschildert, ein Ruf als „Alternativer" eilte ihm voraus, da er gerne mit dem Fahrrad unterwegs war. Auch er hatte die Dichtung zu seiner Liebhaberei erklärt, posthum erschien 1962 im Europäischen Verlag der Gedichtband *Des Lebens tausendfältige Gestalt*. Zu Beginn seiner medizinischen Karriere war er als klinischer Arzt und Assistent von Prof. Dr. Julius Wagner-Jauregg tätig, der 1927 ein Jahr vor seiner Emeritierung als Vorstand der I. Psychiatrischen Klinik in Wien den Nobelpreis für seine Behandlung der progressiven Paralyse erhielt. Hermann Frischauf spezialisierte sich auf die psychische Betreuung von Jugendlichen.[23] Außerdem war er ein häufiger Besucher bei den Sitzungen der Wiener Psychoanalytischen Vereinigung. Hierbei traf er auch auf seinen Schwager Martin Pappenheim, der bis 1932 als Professor für Psychiatrie und Neurologie an der Universität Wien und Leiter der psychiatrischen und neurologischen Abteilung im Spital Lainz arbeitete und anschließend in weiser Voraussicht nach Palästina emigrierte.

Am 8. Mai 1919 brachte die nunmehrige Marie Frischauf ihren einzigen Sohn auf die Welt, der den Namen Hans erhielt. Dieser studierte später ebenfalls Medizin und erreichte nach dem Zweiten Weltkrieg einen Universitätslehrstuhl. Gerti Schindel zitiert Marie Frischauf mit dem Satz: „Wie der Hermann und ich uns zusammengetan haben, haben wir beschlossen: Die Medizin ist eine gute und wichtige Sache, aber sie allein genügt nicht."[24] Somit wurde sie 1919 Mitglied der eben gegründeten KPÖ, es ist durchaus anzunehmen, daß sie hierbei auch ihre späteren Mitexilanten in Mexiko Egon Erwin Kisch und Leo Katz kennenlernte, die etwa zur gleichen Zeit denselben Schritt vollzogen. Hermann Frischauf blieb parteipolitisch ungebunden. Das Ehepaar bezog eine Wohnung in der Rathausstraße 11/3, die als Praxis und auch als Treffpunkt für Freunde und Patienten diente. Ihre Nichte Else Pappenheim erinnerte sich: „Also es waren drei große Zimmer da, aber für zwei Ordinationen, ein Kind und ein Mädchen, das ist nicht genug. Vor allem weil beide eine sehr aktive Ordination gehabt haben. Also es war ein ununterbrochenes Kommen und Gehen. ... mindestens 5, 6, 7, 8 Leute dort, daß man das Gefühl gehabt hat, die haben dort gegessen und dort geschlafen, oder überhaupt dort gelebt. Sie hat so in der Beziehung den Kommunismus wirklich befolgt wie die Urchristen. Alles wurde geteilt ...“[25] Hilde Koplenig lernte Marie Frischauf als „lebhafte, gebildete, politisch überzeugende Persönlichkeit“[26] kennen und berichtete über sie: „... wenn ich mich zu Haus gestritten hab, bin ich zur ihr gegangen und hab sie angeweint, wenn ich ganz verzweifelt war, hat sie mich – sie hat so ein Kammerl gehabt mit einer Höhensonne und so – und da hat sie mich hingelegt und hat mich beruhigt ...“[27]. Ihr großes Interesse für medizinische Neuerungen bewies Marie Frischauf auch anläßlich des Besuches einer französischen Fachärztin für plastische Chirurgie in Wien, der sie bei Nasen- und Brustoperationen assistierte. Auch Arnold Schönberg suchte gelegentlich ihren medizischen Rat. Zum großen Fest im Freundeskreis aus Anlaß seines 50. Geburtstags, am Vorabend des 13. September 1924, verfaßten Marie und Hermann Frischauf jeweils ein Heft mit eigenen Gedichten. Das ihre trägt die Widmung: „Marie Pappenheim mit tausend Wüschen, daß Dir noch viele Jahre Glück und Arbeit beschieden seien. 13.IX. 1924“ Aus etlichen Zwischentiteln läßt sich schließen, daß sie eine Auswahl aus verschiedenen Gedichtzyklen bzw. Schaffensphasen traf.[28] Mit der eindeutigen politischen Positionierung begannen rastlose Jahre: 1924 wurde sie Mitglied der Leitung, ab 1927 Vorsitzende der Österreichischen Arbeiterhilfe und

Mitglied des Exekutivkomitees der Internationalen Arbeiter-hilfe (IAH). Diese war 1922 aus der von Willi Münzenberg ini-tiierten Hungerhilfe für die Sowjetunion hervorgegangen und unterhielt in der Weimarer Republik Verlage, Zeitungen und Unterorganisationen, wofür zahlreiche nichtkommunistische Sympathisanten gewonnen wurden. Außerdem war Marie Frischauf Mitglied der Roten Hilfe, für die sie Unterschriften für Solidaritäts-Aufrufe zugunsten politischer Gefangener sam-melte.[29] Immer wieder betreute sie Flüchtlinge, die es aus den autoritär regierten Staaten Ungarn, Rumänien, Polen oder Jugo-slawien nach Wien verschlagen hatte. Ab 1924/25 war sie Mit-glied des Bundes der Freunde der Sowjetunion[30], der Zweig-stelle einer weiteren von Münzenberg initiierten Komintern-Vorfeldorganisation. Daher erstaunt es nicht, daß Marie Frischauf im November 1927 als Mitglied der 1. Internatio-nalen Frauendelegation und im Mai 1931 mit der 3. Öster-reichischen Arbeiterdelegation zu Parteifeierlichkeiten nach Moskau eingeladen wurde.

Im Mai 1927 wurde in Wien eine weitere Zweigstelle einer IAH-Unterorganisation errichtet, das Bureau zum Studium des Faschismus. Zu den Gründungsmitgliedern zählten neben Marie und Hermann Frischauf der Soziologe und austromarxisti-sche Theoretiker Max Adler, außerdem Hugo Lukacs, die Schau-spieler Karl Forest und Albert Heine, zahlreiche Rechtsanwälte, Künstler und Schriftsteller und die Freie Vereinigung sozialisti-scher Studenten. Entsprechende Büros bestanden bereits in Berlin, Brüssel, Genf, London und Paris, bekannte Mitglieder waren Henri Barbusse, Ernst Toller und Theodor Lessing.[31]

Diese vielseitige Tätigkeit war den reaktionären Beamten im Polizei- und Justizapparat keineswegs entgangen. Nach dem Brand des Justizpalastes war Marie Frischauf von Mitte Juli bis Mitte August 1927 in Haft. In einer retrospektiven Literari-sierung der Ereignisse findet sich der Satz: „Denn einmal mitkämpfen lehrt mehr, als hundertmal zuschauen, wie andere kämpfen ..."[32] Es zeugt von ihrem Mut, daß sie ihre unangepaßte Tätigkeit uneingeschränkt weiterführte.

Marie Frischauf war keine deklarierte Anhängerin der Lehren Sigmund Freuds, belegbar ist nur ein einziger Besuch im Kreis der Wiener Psychoanalytischen Vereinigung, und zwar am 10. Oktober 1928 anläßlich eines Vortrags von Wilhelm Reich über Nackterziehung.[33] Diesen dürfte sie schon zuvor kennengelernt haben, war der 15 Jahre Jüngere doch wie sie damals Mitglied des Schönberg-Vereins und der KPÖ. Zusammen gründeten und leiteten sie die Sozialistische Gesellschaft für Sexualberatung und Sexualforschung, die am 27. Dezember 1928 vom Magistrat der Stadt Wien genehmigt wurde. In den Statuten wurde der Psychoanalyse eine zentrale Position eingeräumt. Marie Frischauf gab die politische Linie vor, Reich fungierte als klinischer Leiter. Acht der zehn weiteren Gründungsmitglieder waren ebenfalls KPÖ-Mitglieder, die Vorträge in Arbeiterbezirken wurden ausschließlich von der *Roten Fahne* angekündigt. In insgesamt sechs Anlaufstellen in Wien, die in Privatwohnungen oder -praxen situiert waren, wurde Sexualberatung für Proletarier durchgeführt, jungen Menschen Zugang zu Verhütungsmitteln verschafft, Frauen Pessare angepaßt, Atteste für Spitäler ausgestellt und der Kampf gegen die sexuelle Repression der klerikal-konservativen Regierung und den §144 geführt, der die Abtreibung untersagte, was im Endeffekt aber nur die Armen traf. Mitunter arbeitete Marie Frischauf auch als Anästhesistin bei von Dr. Fritz Jensen durchgeführten Abtreibungen. Weitere Leiter von Sexualberatungsstellen waren die MedizinerInnen Anny Angel, Edmund Bergler, Edith Buxbaum, Isidor Fassler, Eduard Fliegel, Eduard Kronengold, Annie Reich und Lia Swarowsky.[34] Eine weitere Aufgabe war die Herausgabe der *Schriften der sozialistischen Gesellschaft für Sexualberatung*, die im Münster Verlag erschienen, als dessen Geschäftsführer der Verlagsbuchhändler Dr. Johannes Wertheim fungierte, ein hochrangiges KPÖ-Mitglied. Als Nr. 1 der Schriften erschien von Wilhelm Reich *Geschlechtserregung und Geschlechtsbefriedigung*, als Nr. 2 im Jahr 1930 von Marie Frischauf und Annie Reich *Ist Abtreibung schädlich?*, eine praktische Informationsbroschüre und zugleich engagierte Diskussionsgrundlage für das Selbstbestimmungsrecht der Frau auf ihren Körper und auf die Gestaltung ihres Lebens – die darin angeführten Argumente sind bis heute aktuell.

1930 brachte den Wendepunkt der Gesellschaft. Ein Höhepunkt war ohne Zweifel am 19. September die Rahmenveranstaltung zum 4. Kongreß der Weltliga für Sexualreform. Neben Marie und Hermann Frischauf sowie Wilhelm Reich referierte dort u.a. auch dessen Vorbild Max Hodann. Doch Reich übersiedelte bald darauf nach Berlin, es bleibt befremdlich, daß er in seinen späteren autobiografischen Schriften Marie Frischauf nicht erwähnt. Nach seinem Ausscheiden wurde die Gesellschaft in klar gegliederte Unterbereiche reorganisiert, wobei Marie Frischauf die Beratungen für Empfängnisverhütung und Geschlechtskrankheiten durchführte.

Hinzu kam eine weitere Aufgabe: Im März 1930 übernahm sie die Leitung des Verlages Egon Grünberg & Co., der bald darauf in Weidmann & Co. umbenannt wurde – es war dies der Verlag der Kommunistischen Jugendinternationale in Österreich.[35] Außerdem leitete sie nach dem Verbot der kommunistischen Arbeiterhilfeorganisationen, die dem Verbot der KPÖ vorausgingen, ab 1933 den ein Jahr zuvor gegründeten Verein für proletarische Solidarität, der noch im selben Jahr in Bund proletarischer Solidarität umbenannt worden war.

Aus einem undatierten Brief an Schönberg, der vermutlich von Ende der Zwanziger Jahre stammt, berichtet Frischauf von einer je einmonatigen Einladung nach Oxford und Cambridge. Eine Postkarte von 1931 zeigt sie als Bergsteigerin, doch die Reisen zur Sommerzeit sollten bald der Vergangenheit angehören.[36]

Die „Machtergreifung" Hitlers in Deutschland warf schnell ihr bedrohliches Licht auf Österreich. Ein Artikel der *Reichspost* vom Mai 1933, in dem das Vorgehen der neuen Regierung gegen Wilhelm Reichs Tätigkeit in Berlin begrüßt wird, nennt auch den Namen Marie Frischaufs, verbunden mit der Befürchtung, daß Reich nun nach Wien zurückkehren könne.[37] Im Zuge der Restriktionen des Ständestaates nach den Februarkämpfen 1934 wurde massiv gegen jedes sexualpolitische Engagement vorgegangen. Am 27. Februar 1934 durchsuchte die Polizei die Wohnung von Johannes Wertheim, am 13. März das Büro des Münster Verlages in der Oberen Donaustraße 67 und beschlagnahmte alle restlichen Bestände, die sie anschließend „deponierte", sprich vernichtete. In einem Schreiben der Bundespolizeidirektion Wien an das Landesgericht für Strafsachen vom 25. März 1934 wird darüber hinaus behauptet, daß der Münster Verlag rechtlich gar nicht existiere. Johannes Wertheim gelang es, sich der Verhaftung durch Flucht ins Ausland zu entziehen, ebenso Dr. Arnold Deutsch, Inhaber des Münster Verlages. Außerdem wird ein Durchsuchungsbefehl für die Buchhandlung in Wien 8., Neubaugasse 29, gefordert, „weil Marie Frischauf, Mitverfasserin des Druckwerkes ‚Ist Abtreibung schädlich?‛ dortselbst einen Verlagsbuchhandel mit Anschluß des offenen Ladengeschäftes (früher 8., Burggasse 24) besitzt und die Wahrscheinlichkeit gegeben ist, daß sie dortselbst nicht nur Exemplare der gegenständlichen 6 Druckwerke, sondern auch andere Druckwerke unzüchtigen Inhalts führt." Hierbei handelte es sich um den Verlag der Kommunistischen Jugendinternationale. Der Akt im Dokumentationsarchiv des österreichischen Widerstandes (DÖW) dokumentiert zudem die Konfiszierung von Literatur „unzüchtigen Inhalts" in weiteren Wiener Buchhandlungen und Büchereien und die Verurteilung Wertheims.[38] Auch die Wohnung der Frischaufs wurde durchsucht. Marie Frischauf sah sich nach einer ersten vorübergehenden Inhaftierung und bedrohlichen Verhören gezwungen, die Flucht anzutreten: Um ihren Mann nicht zu gefährden, ließ sie sich von ihm scheiden und emigrierte im September 1934 nach Paris.

Über ihr dortiges Leben bis 1938 ist wenig bekannt. Da sie ausgezeichnet Französisch, Englisch und auch ein wenig Italienisch sprach, dürfte sie vergleichsweise geringe Anpassungsschwierigkeiten gehabt haben. Sie verdiente ihren kargen Lebensunterhalt mit kleinen journalistischen Arbeiten und als kosmetische Ärztin. Es ist anzunehmen, daß sie ihre medizinischen Kenntnisse auch anderen Flüchtlingen zur Verfügung stellte. Beim 1. Internationalen Schriftstellerkongreß zur Verteidigung der Kultur im Juni 1935 war sie neben zahlreichen anderen emigrierten Intellektuellen im Publikum in der Pariser Salle Mutualité zugegen,[39] außerdem dürfte sie in Kontakt zu Heinrich Mann getreten sein. Bis Mitte 1937 fungierte sie als Mitglied der Leitung der KPÖ-Gruppe in Frankreich, gemäß dem Statut der Komintern trat sie in die Kommunistische Partei Frankreichs ein. Nach dem „Anschluß" kam es zur zweiten, weit größeren Fluchtwelle aus Österreich – Paris entwickelte sich bis zum Ausbruch des Zweiten Weltkriegs zum Zentrum der österreichischen Exilpolitik. Die größte Organisation auf kulturellem Gebiet war die Liga für das geistige Österreich, daneben gab es noch den im November 1938 gegründeten Cercle Culturel Autrichien – ehrenamtlich von Marie Frischauf und Tilly Spiegel geleitet.[40] Zur ersten öffentlichen Veranstaltung kam es am 26. November 1938 in der Salle Chopin.[41] Hierbei sprachen Professor Albert Bayet und der Künstler Deninx sowie die Österreicher Lotte Leonhard, Ludwig Stössl und Oscar Karlweis. Weitere beachtenswerte Veranstaltungen waren in Zusammenarbeit mit der Liga für das geistige Österreich und dem Schutzverband Deutscher Schriftsteller der Vortragsabend über Franz Werfel, neben diesem sprachen Alfred Kantorowicz sowie die Franzosen Dechamps und Louis Gillet. Am 11. und 18. Februar 1939 standen Vorträge von Professor Albert Dauzat und dem katholischen Schriftsteller Dr. Georg Moenius auf dem Programm. Allwöchtentlich wurden unter dem Titel „Permanence" Vortrags- bzw. Diskussionsabende durchgeführt, die in den *Nouvelles d'Autriche* angekündigt wurden, wobei die Namen von Frischauf und Spiegel jedoch kein einziges Mal genannt werden, wohl aus bündnispolitischen Gründen. Am 24. Mai sprach Kurt Blaukopf über *Beethoven und die Französische Revolution*, am 6. August gestaltete Heinrich Sussmann eine Führung durch die Impressionismus-Gemäldesammlung im Louvre. Außerdem organisierte der „Cercle" Kammermusikkonzerte und Ausflüge für die angegliederte Jugendgruppe. Die letzte Großveranstaltung war am 9. Juni 1939 die Gedenkfeier zum 150. Jahrestag der Französischen Revolution.[42] Zum Thema sprach André Ribard, den künstlerischen Teil leitete Leo Askenasy (Leon Askin) von der Union des Artistes Exilés de Langue Allemande, wobei ausgesuchte Texte von Nestroy, Heine, Herwegh und Wedekind zu Gehör gebracht wurden. Zum Abschluß wurde *Arbeit macht frei* („Das Dachaulied") von Jura Soyfer rezitiert, der am 16. Februar 1939 im KZ Buchenwald an Typhus verstorben war. Zur täglichen Kleinarbeit Marie Frischaufs und Tilly Spiegels gehörte es, Protestbriefe und Unterschriften gegen die Okkupation der Heimat zu organisieren, ebenso Quartiere und medizinische Hilfe für exilierte Landsleute. Obwohl sie selbst unter großer Not litt und oft nicht wußte, wie sie ihr „Hôtel meublé" bezahlen sollte, gelang es ihr immer wieder, bei den in Pariser Nobelsälen durchgeführten Kulturveranstaltungen erhebliche Geldbeträge zu sammeln.

All das fand mit dem Beginn des Zweiten Weltkriegs ein Ende. Ab September 1939 wurden deutsche und österreichische Exilanten als „feindliche Ausländer" von der französischen Polizei inhaftiert, Maria Frischauf traf es im Frühjahr 1940. Eine Woche danach wurde sie ins Frauenlager Gurs in den Pyrenäen überstellt, wo sie einige Monate verbringen mußte, vermutlich bis Ende März 1941. Ein alter Freund erkundigte sich voller Sorge nach ihr – Arnold Schönberg, der seit 1933 in den USA lebte: „… ich bin froh, endlich etwas – überhaupt – über Mitzi Frischauf zu hören, über deren Schicksal ich mich sehr gesorgt habe. Wenigstens daß sie – lebt. Ich bin bereit, mich an einer Sammlung zu beteiligen, um sie hierher zu bringen, oder ihr wenigstens mit etwas Geld zu helfen. Ich sende Ihnen daher beiliegend einen Scheck von $ 10. Ich wollte, ich wäre in der Lage, mehr zu tun. Aber ich bin auf mein mageres Gehalt als Professor angewiesen und ernste Musik in Amerika ist kein Mittel zum Geld verdienen. Bitte lassen sie mich wissen, wenn Sie Neues von ihr hören."[43]

Inzwischen hatten Parteifreunde auf dem amerikanischen Kontinent, insbesondere Bodo Uhse und André Simone, die Hilfe der League of American Writers und die Gastfreundlichkeit Mexikos mobilisiert. In seiner Autobiografie beschreibt Bruno Frei den Fluchtweg, auf dem auch Marie Frischauf aus Europa entkam[44]: Nach der Entgegennahme der mexikanischen Visa in Marseille durch den dortigen Konsul Gilberto Bosques ging es auf dem französischen Schiff „Winnipeg" zusammen mit Theo Balk, Hans Marchwitza, Gerhard und Hilde Eisler, dem Italiener Mario Montagnana und zahlreichen weiteren Flüchtlingen via Casablanca auf die Fahrt über den Atlantik. Große Panik löste das Umkreisen des Schiffes durch britische Kampfflugzeuge aus. Ein holländisches Kanonenboot stoppte die „Winnipeg" auf ihrem Weg nach Martinique mit zwei Schüssen vor den Bug und eskortierte sie ins britische Trinidad, wo die Gruppe eine neuerliche Internierung erwartete. Dank der Vermittlung von Kurt Rosenfeld konnte Bruno Frei nachweisen, daß er durch seinen Geburtsort Preßburg weder Deutscher noch Österreicher sei, nur aus diesem Grund durfte er nach Mexiko weiterreisen – gleiches galt für Marie Frischauf und Theo Balk. Über Ellis Island, wo erneut peinliche Verhöre warteten, ging es weiter nach Mexiko. Dort hatte sich dank der Unterstützung der mexikanischen Regierung bereits eine überaus aktive österreichische Exilorganisation gebildet, die Accion Republicana Austriaca de México (ARAM).[45] Diese hatte überparteilichen Charakter, ihr erster Präsident war der sozialdemokratische Buchhändler Rudolf Neuhaus, die führenden Köpfe waren die kommunistischen Journalisten Bruno Frei, Leo Katz und Josef Foscht, die Musiker Marcel Rubin, Carl Alwin und Ernst Römer, sowie das Ärzte-Ehepaar Richard und Else Volk. Im August 1942 wurde die Zeitschrift *Austria Libre* ins Leben gerufen. Die deutschen Exilanten waren in der Bewegung „Freies Deutschland" organisiert, die ab Ende 1941 die Zeitschrift *Freies Deutschland* und ab Mitte 1943 das Lokalblatt *Demokratische Post* herausgab. Die intellektuellen Integrationsfiguren Anna Seghers, Egon Erwin Kisch, André Simone, Bodo Uhse und Paul Mayer hatten darüber hinaus den Verlag El Libro Libre und den Heinrich Heine Klub ins Leben gerufen, um auf kultureller Ebene eine Brücke zur jüdischen Massenemigration zu schlagen. Hierbei war Leo Katz federführend. Dieser und seine Familie gehörten zu Marie Frischaufs engsten Feunden. Im Wiener Dirigenten Ernst Römer traf sie einen ehemaligen Schönberg-Schüler wieder, der ein unermüdlicher Motor der musikalischen Exil-Kultur war, im Dezember 1944 war er an der lateinamerikanischen Erstaufführung von Schönbergs *Pierrot Lunaire* beteiligt, es dirigierte Jascha Horenstein. Diese Feier zum 70. Geburtstag Schönbergs hatte der Heine-Klub zusammen mit dem PEN-Klub Mexikos organisiert.[46] Weitere bedeutende österreichische Musiker in Mexiko waren der ehemalige Dirigent an der Staatsoper, Carl

Alwin, sowie die Komponisten Marcel Rubin und Ruth Schönthal. Zu Frischaufs engstem Freundeskreis gehörte damals auch die deutschsprachige tschechische Journalistin Lenka Reinerová: „Es ergab sich mit der Zeit, daß ich in regelmäßigen Intervallen mit zwei Österreicherinnen eine Plauderstunde verbrachte. Die eine war Dr. Marie Frischauf-Pappenheim, Ärztin und Dichterin, ein Stück älter als ich, ernst und heiter, gütig. Die andere war Dr. Gertrude Kurz, technisch ausgerichtet, unpoetisch, nüchtern und gescheit. […] Dabei besprachen wir das Kriegsgeschehen, die jeweiligen Emigrationsbegebenheiten und unser persönliches Auf und Ab."[47] Erneut gab es enorme Schwierigkeiten, sich in einem fremden Land als Ärztin zu etablieren. Nach einer singulären Quelle konvertierte sie in Mexiko zum Katholizismus[48], was insofern plausibel erscheint, als es ihre Berufsaussichten verbessert haben dürfte.

Lange Zeit beteiligte sich Marie Frischauf nicht an der blühenden Exilszene, dies änderte sich erst 1944. Es mag an politischen Differenzen innerhalb der ARAM gelegen haben, da ihre Mitarbeit in etwa mit der Neubildung des ARAM-Vorstandes koiinzidierte, die notwendig wurde, als sich infolge der Moskauer Deklaration Rudolf Neuhaus und andere Revolutionäre Sozialisten ihre Funktionen zurücklegten. Es könnte aber auch sein, daß sie bis 1944 an *Der graue Mann* (Teil 1) gearbeitet hat. In jedem Fall hatte in diesen Jahren die zweite Phase ihres Schreibens begonnen. Etwas seltsam mutet aus heutiger Sicht ihr erster Artikel *Fasching in Wien* vom März 1944 an, doch dieser lag ganz auf der Linie der *Austria Libre*, die Österreicher als heiteres Kulturvölkchen zu charakterisieren, das mit den Preußen bzw. den Nazi-Invasoren nichts gemein habe.[49] In *Austria Libre* veröffentlichte sie einige Rezensionen über die kulturellen Leistungen des Exils, darunter über die Welturaufführung von Ferdinands Bruckners *Denn seine Zeit ist kurz* im Heinrich Heine Klub, über die von der ARAM organisierten Wohltätigkeitskonzerte sowie über Bücher von Bert Brecht und dem damals noch fast unbekannten Erich Fried. Hinzu kamen ein Interview mit dem Dirigenten Jascha Horenstein sowie Grußworte an die befreundeten Dichter Egon Erwin Kisch und Berthold Viertel.[50] Aus der Einleitung zu einem erschütternden Brief aus der Heimat sprechen unter Exilanten weitverbreitete Schuldgefühle gegenüber Familie und Freunden, die im Machtbereich der Nazis zurückgeblieben waren: „Nichts, was wir kampflos Geretteten für die Überlebenden tun werden, wird die Schuld unseres Dankes und unserer Bewunderung völlig abtragen können."[51]

Für Lyrik gab es kaum Platz in den Zeitschriften des Exils, Vorrang hatten die politisch-propagandistischen, in jedem Fall prosaischen Texte. Daher erschienen auch nur vereinzelte Gedichte von Marie Frischauf, und dies noch dazu sehr verstreut in den Zeitschriften *Freies Deutschland*, *Austria Libre*, *Demokratische Post* und der *Austro American Tribune*.[52] Sie setzen sich mit der Lagerhaft in Frankreich, den Kriegsgreueln und der Zerrissenheit im Angesicht der Rückkehr auseinander und offenbaren den Schrecken über die Gewißheit, einer Kultur anzugehören, deren Werte und deren beste Vertreter vernichtet wurden. Exemplarisch verdeutlichen diese Gedichte die desperate Gefühlslage vieler Exilanten.

In der ab Ende 1944 von André Simone im Auftrag der Bnai Brith herausgegebenen *Tribuna Israelita* erschien nur ein kleine Rezension.[53] Auch an den allwöchentlichen Sendungen der ARAM beteiligte sich Marie Frischauf nur ein einziges Mal, am 24. Februar 1945 sprach sie über *Österreichische Untergrundkämpfer in Frankreich*. Das Publikum im Heinrich Heine Klub begrüßte sie nur ein Mal auf dem Podium, da ein Abend über Karl Kraus auf dem Programm stand, wofür sie einige persönliche Erinnerungen beisteuerte.[54] Aktiv wurde sie jedoch, als die Frauen innerhalb der Exilszene eigene Organisationen gründeten, so referierte sie am 22. März 1944 für die Deutsche Demokratische Frauenbewegung über moderne Schönheitspflege. Gemeinsam mit der Physikerin Dr. Gertrude Kurz und der Ärztin Dr. Else Volk gründete sie innerhalb der ARAM ebenfalls ein Frauenkomitee, im Zuge des Abends *Österreichische Literatur von Heute* im August 1944 las Steffie Spira u.a. einige Gedichte Marie Frischaufs. Doch die Aktivitäten der beiden Frauenkomitees sind in der Exilpresse nur sehr geringfügig dokumentiert. Die „große Politik" und die Gestaltung der Kulturabende waren auch in Mexiko eindeutig Männersache, und die Frauen hatten sich um soziale Belange und das leibliche Wohl zu kümmern. In Verbindung dieser beiden Tätigkeiten wurden alljährlich Wohltätigkeitsbazare für die kriegführende Sowjetunion durchgeführt, wobei die Gäste von einem „Wiener Kaffeehaus" verköstigt wurden. Doch bei einer Aufzählung der dabei beteiligten Frauen der ARAM fehlt der Name Marie Frischaufs, man kann sie sich im Genre einer Apfelstrudelbackender Wohltätigkeit auch nur schwer vorstellen. Umso aktiver wurde sie gegen Ende des Krieges, als die ARAM ein Hilfskomitee für die Österreicher in Frankreich gründete. Hierbei übernahm sie mit Gertrude Kurz und Rosl Lyner, der Schwägerin Egon Erwin Kischs, die Koordination. Aus den Listen geht hervor, daß sie zusammen mit den Familien von Gertrude Kurz und Frieda Foscht mehrere Pakete finanzierte, die über die *Austro American Tribune* nach Frankreich geschickt wurden, da Postsendungen über 400 Gramm von Mexiko aus nicht nach Europa versendet werden durften. Nach der Befreiung Wiens gingen weitere Hilfslieferungen auch dorthin. Marie Frischaufs letzte offizielle Aufgabe in Mexiko war die Teilnahme an einem Komitee der ARAM, das im März 1946 eingesetzt wurde, um die weitere Tätigkeit der Organisation zu beraten.

Wie in Mexiko erst Ende 1945 bekannt wurde, war Hermann Frischauf von Ende 1938 bis Ende 1940 in Buchenwald interniert gewesen und nach Berufsverbot und Delogierung bereits 1942 an einer Lungenentzündung verstorben.[55] Aufgrund zahlloser Schwierigkeiten mit Visa, Schiffahrtsverbindungen und nicht zuletzt des Desinteresses der österreichischen Regierung und ihrer Beamten, eine rasche Reemigration zu unterstützen, gelangte Marie Frischauf nach 13 Jahren Exil, erst am 23. März 1947, wieder nach Wien. Wieder war Bruno Frei einer ihrer Reisegefährten, wieder war ein US-Visum verweigert worden, daher wurde die Westroute gewählt. Mit dem Bananenfrachter „Marshall Goworow" gelangte die Gruppe von Puerto Mexico nach Murmansk. Auch Ludwig Renn erinnerte sich an die „Wiener Ärztin", die auf der Bahnfahrt durch den Dschungel mit Medikamenten gegen Malaria und auf der Überfahrt mit ihrer Heiterkeit aushalf.[56]

Über ihren letzten Lebensabschnitt ist nicht sehr viel bekannt: Vom 8. September 1947 bis zum 30. September 1955 leitete sie ein dermatologisches Ambulatorium der Gebietskrankenkasse im 10. Bezirk, Van der Nüll-Gasse 20. Ihren ruhelosen Lebensstil behielt sie bei, zwischen Jänner 1948 und Mai 1966 wechselte sie zehnmal den Wohnsitz. Zu ihren engsten Freunden gehörten der Musikwissenschaftler und frühere Kraus-Klavierbegleiter Georg Knepler und weiterhin das Ehepaar Bronia und Leo Katz, was sich nicht zuletzt in einer ausführlichen Rezension im *Österreichischen Tagebuch* über Leo Katz' Romane niederschlug.[57] Sporadisch schrieb sie für *Stimme der Frau* und *Österreichische Volksstimme*.[58] Im Korea-Krieg sah Marie Frischauf die Gefahr eines Dritten Weltkriegs, weshalb sie in der *Österreichischen Zeitung* einen flammenden Appell an Künstler und Wissenschaftler richtete, ihre Stimme gegen den Atomkrieg zu erheben.[59] Dies hatte zur Folge, daß die Journalisten dieser von den sowjetischen Besatzungsbehörden herausgegebenen Zeitung sie in den nächsten Monaten immer wieder als moralische Autorität und Verfechterin der Beschlüsse des Weltfriedensrates in Berlin präsentierten und Teile von Interviews mit ihr zu eigenen Artikeln erweiterten.[60] Bis zuletzt blieb sie eine gläubige, durch nichts zu erschütternde Kommunistin, was Tilly Spiegel in einem Nekrolog folgendermaßen kommentierte: „Freilich war es auch für Mitzi – in den Sturmtagen des Jahres 1956 über 75 Jahre alt und seit einem Menschenalter in bestimmten Vorstellungen fixiert – unmöglich, die Details der peinigenden Tatsachen, die undenkbar schienen und doch geschehen sind, gedanklich ganz zu Ende zu führen. Aber sie stellte der neuen Etappe doch auch nicht das alters-trotzige ‚Es ist nicht, was nicht sein soll‘ entgegen; sie quittierte mit Grundsätzen; und da hatte sie natürlich wieder recht. So blieb sie auch solchen Kommunisten, die in diesen Debatten auch die konkreten und gegenwärtigen Fragen scharf kritisch einbezogen und mit ihr gelegentlich nicht einverstanden sein konnten, verehrungswürdig, anregend und liebenswert."[61] Marie Frischauf verstarb halb erblindet am 24. Juli 1966 in Wien. Aus Rücksicht auf ihren Sohn, der ihre politische Haltung nicht teilte, hatte sie auf ein Parteibegräbnis verzichtet.[62]

Die Prosa von Marie Frischauf zeigt viele Unterschiede zum Pathos ihrer Lyrik. Es herrscht größte sprachliche Ökonomie, wobei als Vorbild Anna Seghers geortet werden kann. Der 1949 erschienene Teil 1 von *Der graue Mann* wurde im mexikanischen Exil geschrieben, die Handlung ist in Wien zwischen Sommer 1937 und Ende 1938 angesiedelt. Teil 2 wurde nach Frischaufs Rückkehr nach Wien verfaßt und beleuchtet die trübe Wiener Nachkriegssituation in den Jahren 1946/47. Die Bücher weisen etliche Parallelen auf: Sie sind eine stille Klage über die Menschen ohne Überzeugung, ohne eigenen Willen und inneren Glauben; Menschen, die sich treiben lassen, weil sie zu schwach sind, ihrer inneren Stimme zu folgen, die ihnen den Weg zu einem rechtschaffenen Leben weist. Doch die seelische Armut ist nur die Folge der materiellen, denn diese treibt sie in die Arme von skrupellosen Rattenfänger, die zwar schnellen Erfolg versprechen, doch keinen Halt im Leben bieten können. Marie Frischauf schreibt aber auch gegen das große „seligmachende" Vergessen an bzw. gegen den österreichischen Mythos von der Schuldlosigkeit an den Verbrechen des Nationalsozialismus.

Der „graue Mann" ist in Teil 1 Wilhelm Gellner, ein Installateur und Elektriker mit Mittelschulbildung, der sein Geschäft verloren hat und in Armut und Proletarisierung abgerutscht ist. Voller Selbstmitleid und -gerechtigkeit richten sich sein Neid und Haß gegen all jene, die es besser haben, selbst wenn dies aus deren Tüchtigkeit resultiert. Obwohl er unpolitisch ist und die Sozialdemokraten ebenso verachtet wie die Ständestaatler, läßt er sich von den Siegesphrasen der Nazis berauschen, macht eine kleine Karriere, besitzt jedoch letztendlich nicht genug Protektion, um nicht als Soldat nach Rußland geschickt zu werden. In Teil 2 ist der „graue Mann" der 1945 aus dem Krieg heimgekehrte Karl Grundner, der am Schwarzmarkt Karriere macht, um der bitteren Armut zu entkommen. Beide haben gute Ansätze und jugendliche Ideale, beide geraten in kriminelle Männerbünde, in denen sie letztendlich aufgrund ihrer Schwäche wieder nur eine untergeordnete Rolle spielen. Eine Konstante zwischen beiden Teilen ist Christine, die einzige positive Heldin. In Teil 1 entwickelt sie sich vom treuen, aber allzuleicht beeinflußbaren „Eheweibchen" zur selbstbewußten Frau, die mit ihrem neugeborenen Kind den Nazi-Ehemann verläßt. Obwohl gebrochen durch den Verlust des von den Nazis ermordeten Widerstandskämpfers Franz Kornauer, den Vaters ihres zweiten Kindes, ist sie in Teil 2 Leiterin einer Kindertagesstätte und somit ein Hoffnungsschimmer für eine bessere Zukunft. Doch einen Mann, der ihre Achtung erringen könnte, den gibt es nicht mehr. Sie steht in beiden Teilen im Gegensatz zu den

„Flittchen" der Männerbünde, Lena und Bella, während das Schicksal von ersterer unklar bleibt, so flüchtet zweitere aus ihrer Sinnlosigkeit in den Suizid. Christines Nazi-Ehemann hat den Krieg überlebt, aber ihr Geliebter, der Widerstandskämpfer, wurde im KZ ermordet. Den Frauen bleibt nur hilflose Wut, für Christine gibt es keine Möglichkeit der Rebellion, für Bella keine der Umorientierung. Die Desillusionierung ist so total wie die Macht der Männergesellschaft.

Das Personeninventar von Teil 1 umfaßt verschiedene Typen der späten dreißiger Jahre, in erster Linie Mitläufer, Polizeispitzel und verschiedene Charaktere innerhalb der SA-Mannschaft; andererseits aber auch einzelne Stimmen aus der Arbeitschaft und je einen kommunistischen wie katholischen Widerstandskämpfer. Als einziger Jude taucht kurz ein Arbeiter auf, der sich Achtung in der Gruppe erringt, weil er bereit ist, seinen Worten auch Faustschläge folgen zu lassen. Die nach dem „Anschluß" in Wien stattgefundenen öffentlichen Demütigungen von Juden werden mit keinem Wort erwähnt. Doch die Schilderung der Plünderung der Villa von Christines katholischer Großtante durch die SA erinnert an wilde „Arisierungen" und stellte im Erscheiungsjahr 1949 eine äußerst seltene Erscheinung in der österreichischen Literatur dar, und hierin liegt auch der Wert dieses Buches. Denn in Österreich wurde seit der Gründung der Zweiten Republik alles getan, um die Mitverantwortung für die Verbrechen des Nationalsozialismus zu verschleiern. Ehemalige NSDAP-Mitglieder und ihre Mitläufer kamen mit geringen Strafen davon und etablierten sich schnell im neuen Gesellschaftsgefüge. Retrospektiv betrachtet gewinnt man den Eindruck, als wäre das freie Österreich nach dem Krieg aus einem seit 1938 andauernden Dornröschenschlaf erwacht, hätte sich erstaunt die Augen gerieben und sich bei bestem Gewissen an nichts mehr erinnern können, was inzwischen angeblich vorgefallen sein soll. Selbst die Kommunisten hielten der nationalen Apotheose nicht allzuviel entgegen. Im *Österreichischen Tagebuch* wurden zwischen 1945 und 1950 vereinzelt alte Nazis attackiert, doch für die Parteipublizistik kann exemplarisch auf Ernst Fischers Schrift von 1945 *Die Entstehung des österreichischen Volkscharakters* verwiesen werden, in welcher fundamentale und über Jahrhunderte gewachsene Wesensunterschiede zwischen Österreichern und Deutschen beschworen wurden. Auch die von Bruno Frei noch in Mexiko verfaßte, doch ungedruckt gebliebene Studie *Die Verpreußung Deutschlands* geht in diese Richtung. Der Roman von Marie Frischauf jedoch zeigt die österreichischen (!) Nazis, an die sich niemand mehr erinnern wollte. Abgesehen davon wurde es als Buch, das im KPÖ-eigenen Globus Verlag erschienen war, von der sozialdemokratischen und bürgerlichen Presse ohnehin prinzipiell totgeschwiegen und erhielt nur zwei nebulose Rezensionen.[63]

Teil 2 war im Vergleich dazu noch brisanter: Hier deutet die Ärztin auf eine noch frischere Wunde, sie thematisiert den Schmerz und die Armut zwischen den zerbombten Mauern Wiens sowie die gleichzeitig woanders ablaufenden Champagner-Parties, sie zeigt die damals noch jungen alten Nazis, die sich perfekt verstellen und neu organisieren, und einen dubiosen US-amerikanischen Journalisten deutscher Herkunft, der im Buch das letzte Wort hat. Juden gibt es nicht mehr, nur zynische Reminiszenzen, so wird Grundner von seinen Kumpanen ermuntert, einer wichtigen Geschäftsfrau den Hof zu machen – sie sei zwar weit älter als er, aber keine Jüdin. An anderer Stelle taucht eine Villa auf, deren Bewohner 1938 vertrieben wurden.

Die Figur des Heimkehrers war nach dem Ersten Weltkrieg ein zentrales Motiv der deutschsprachigen Literatur, was nach dem Zweiten Weltkrieg nicht der Fall war. Somit ist das Prosa-Spätwerk von Marie Frischauf auch ein Abgesang auf die Literatur einer untergegangenen Epoche. Doch die Darstellung der Männerbünde und der Täter, die sich als Opfer fühlen, ergibt eine Parallele zu einem der bedeutendsten Texte einer jungen österreichischen Literatur, zu Ingeborg Bachmanns *Unter Mördern und Irren.*

Anmerkungen

1 Zur Schönberg-Feier. „Ich wollte nicht als Lyrikerin durchs Leben gehen". Marie Frischauf erzählt von Karl Kraus und Arnold Schönberg. In: Der Abend, 25.10. 1949
2 Tilly Spiegel: Mitzi. Zum Tod von Maria Frischauf. In: Tagebuch, Sept. 1966
3 Marie Pappenheim-Frischauf. In: Freies Deutschland (Mexiko) 3 (1944) 9, 34
4 Martin Frischauf: Gavrilo Princips Bekenntnisse (Zwei Manuskripte Princips. Aufzeichnungen eines Gefängnispsychiaters). Wien: Lechner & Sohn 1926
5 Universitätsarchiv Wien, Promotionsprotokoll Med. M 33,9 Post 936 und Rigorosenprotokoll Med. 12 Nr. 4, 1903–1930
6 Schönberg-Feier. Wie Anm. 1
7 Maria Heim: Seziersaal, Trennung. Vor dem Konzert, Prima graviditas. In: Die Fackel, 30. April 1906, Nr. 2, Jg. 8, 23–24. Siehe auch: Marie Heim: Die Berührung. In: Der Strom 1 (1912) 10, 316
8 Maria Heim: Seziersaal (Wiener Stadt- und Landesbibliothek, Kraus-Archiv, I.N. 164.529)
9 Marie Frischauf-Pappenheim an Helmut Kirchmeyer, 15.6. 1963. Zit. in: Peter Naumann: Untersuchungen zum Wort-Ton-Verhältnis in den Einaktern Arnold Schönbergs. Köln 1988. Siehe zum Gesamtkomplex: Herbert Buchanan: A Key to Schönbergs „Erwartung" op. 17. In: Journal of the American Musicological Society 20 (1967) 3, 434–449. – Elmer Budde: Arnold Schönbergs Monodram „Erwartung". Versuch einer Analyse der 1. Szene. In: Archiv für Musikwissenschaft 36 (1979) 1, 1–20. – Helmut Kirchmeyer: Das Drama der „Erwartung" – Schönbergs Begegnung mit Marie Pappenheim (Beiheft zur Wergo-Schallplatte WER 50 001). – Dika Newlin: Schoenberg Remembered. New York 1980. – J.M. Laborda: Studien zu Schönbergs Monodram „Erwartung" op. 17. München: Laaber 1981. – Jürg Stenzl: Die Apokalypse einer Liebe. Arnold Schönbergs Monodram „Erwartung" (1909). In: Rudolf Stephan/Sigrid Wiesmann (Hg.): Bericht über den

2. Kongreß der Internationalen Schönberg-Gesellschaft. Wien 1986, 64–72. – Robert Falck: Marie Pappenheim, Schönberg and the „Studien über Hysterie". In: Claud Reschke, Howard Pollak (Hg.): German Literatur and Music, an Aestethic Fusion 1890–1989. Houston: Fink 1992, 122–156. – Melanie Feilotter: Schoenberg, Pappenheim, and the Expression of Solitude in „Erwartung", op. 17. Ontario: McGill University 1995. – Elizabeth L. Keathley: Revisioning Musical Modernism: Arnold Schoenberg, Marie Pappenheim, and „Erwartung's" New Woman. New York: State University 1999. – Eva Weissweiler: „Schreiben Sie mir doch bitte einen Operntext, Fräulein!" Marie Pappenheims Text zu Arnold Schönbergs „Erwartung". In: Neue Zeitschrift für Musik, Juni 1984, 4–8. – Ulrich Scheideler: Marie Pappenheim – oder Versuch die Frage zu beantworten, wer welchen Anteil an der definitiven Textfassung des Monodrams Erwartung hatte. (Bislang unpublizierter Beitrag zum Symposium „Arnold Schönbergs Wiener Kreis" im Sept. 1999 in Wien.)

10 Marie Pappenheim an Arnold Schönberg, 5.9. 1909. (Washington, Library of Congress. Die Briefe sind in Kopie auch im Arnold Schönberg Center in Wien einsehbar.) Tatsächlich versuchte Arnold Schönberg Oskar Kokoschka dafür zu gewinnen, die Bühnendekoration für eine Uraufführung zu gestalten.

11 Marie Pappenheim an Arnold Schönberg, 9.9. 1909 (Washington, Library of Congress)

12 Hans Heinz Stuckenschmidt: Arnold Schönberg. Leben, Umwelt, Werk. München: Piper 1989, 112

13 Theodor W. Adorno: Philosophie der neuen Musik. Frankfurt/Main 1958, 119

14 Gerhard Scheit: Dramaturgie der Geschlechter. Über die gemeinsame Geschichte von Drama und Oper. Frankfurt/Main: Fischer 1995, 320

15 Eva Weissweiler: Schreiben Sie mir doch bitte einen Operntext, Fräulein. Marie Pappenheim, Schönbergs Librettistin. In: Frankfurter Allgemeine Zeitung, 19.5. 1984. Siehe auch: Egon Wellesz: Arnold Schönbergs Bühnenwerke. In: Musikblätter des Anbruch 2 (1920) 18, 604–606

16 Marie Pappenheim an Arnold Schönberg. 8.10. 1912 (Washington, Library of Congress)

17 Marie Pappenheim an Arnold Schönberg. Ohne gen. Dat. 1913 (Ebd.)

18 Marie Pappenheim an Arnold Schönberg. 30.2. 1915 (Ebd.)

19 Die Bekämpfung des Mädchenhandels. In: Die Fackel, 31.10. 1911, Nr. 334/335, Jg. 8, 10

20 Marie Pappenheim an Arnold Schönberg. April 1913 (Washington, Library of Congress)

21 Marie Pappenheim an Arnold Schönberg. 19.12. 1914 (Ebd.)

22 Marie Pappenheim an Arnold Schönberg. April 1915 (Ebd.)

23 Karl Fallend: Psychoanalyse und Politik im Wien der zwanziger Jahre. Wilhelm Reich – Dozent der Psychoanalyse, Sexualberater und rebellischer Parteigenosse. Salzburg: Diss. 1987, S. 131. Siehe auch: Ders.: Deine Hand: so kalt? In: Presse/Spectrum, 26.8. 1995, 4. (Auch unter dem Titel: Marie Frischauf-Pappenheim. In: Literatur und Kritik, Juli 1996.)

24 Gegen die Heuchelei. Unsere roten Großmütter – 5. Folge: Marie Frischauf (1881–1966). In: Volksstimme, 23.11. 1989

25 Gespräch von Karl Fallend mit Else Pappenheim. In: Fallend: Psychoanalyse. Wie Anm. 23, 134

26 Fallend. Wie Anm. 23, 126

27 Gespräch von Karl Fallend mit Hilde Koplenig vom 22.8. 1984. Zit. in ebd., 126

28 Marie Pappenheim: [Gedichte für Arnold Schönberg]. Sig. T80.14, Arnold Schönberg Center, Wien

29 Bericht Lilly Beer, DÖW Akt Nr. 16.608

30 Fragebogen Marie Frischauf, 3.6. 1947, Zentrales Parteiarchiv der KPÖ (Alfred Klahr Gesellschaft)

31 Ein Bureau zum Studium des Faschismus in Wien. In: Wiener Allgemeine Zeitung, 11.5. 1927

32 Marie Frischauf: Es war am 15. Juli … In: Österreichische Volksstimme, 15.7. 1951

33 Fallend: Psychoanalyse. Wien Anm. 23, 134f

34 Ebd., 161. – Siehe auch: Manfred Pawlik: Symbol für Mütterlichkeit und Weisheit der Frauen. Die Wiener Ärztin Marie Frischauf (1882–1966). In: Die Ärzte-Woche, 29.4. 1992. Hier werden auch die Mitarbeiterinnen Grete Lehner und Lore Kahn genannt.

35 Willi Weinert: Zu Marie Frischauf. In: Volksstimme, 26.3. 1998. Siehe auch: Franz Schandl: Librettistin und Kommunistin. Marie Pappenheim. In: Volksstimme, 11./12.3. 1994

36 Marie Frischauf an Arnold Schönberg. Ohne Datum. Marie Frischauf an Arnold Schönberg. 27.9. 1931 (Washington, Library of Congress)

37 Wien die neue Zentrale der kommunistischen „Sexualreformbewegung"? Hände weg von Österreich. In: Reichspost, 5.5. 1933

38 DÖW Akt Nr. 16.581. Johannes Wertheim wurde im September 1942 in Auschwitz ermordet.

39 Vgl. Ernst Schwager: Die österreichische Emigration in Frankreich 1938–1940. In: Österreicher im Exil 1934–1945. Protokoll des internationalen Symposiums zur Erforschung des österreichischen

Exils. Hg. vom Dokumentationsarchiv des österreichischen Wider-
standes und Dokumentationsstelle für neuere österreichische
Literatur. Wien 1977, 49–52

40 Siehe dazu: Elisabeth Freundlich: Flüchtlingsgespräche aus heuti-
ger Sicht. In: Ebd., 522. – Tilly Spiegel: Österreicher in der belgi-
schen und französischen Résistance. In: Ebd., 53

41 Cercle Culturel Autrichien. In: Nouvelles d'Autriche 1 (Feb. 1939)
2, 74. Siehe außerdem: Kristina Schewig-Pfoser/Ernst Schwager:
Österreicher im Exil – Frankreich 1938–1945. In: Österreicher im
Exil. Frankreich 1938–1945 (hg. von Ulrich Weinzierl im Auftrag
des DÖW). Wien: Bundesverlag 1984, 21–24

42 Zum 150. Jahrestag der Französischen Revolution. Gedenkfeier des
„Cercle Culturel Autrichien". In: Nouvelles d'Autriche 1 (Juli/Aug.
1939) 6/7, 216f.

43 Arnold Schönberg an Raissa Adler, 21.10.1940. Zit. in: Fallend:
Wie Anm. 23, 140. Raissa Adler war die Frau von Dr. Alfred Adler.
Sie war zusammen mit Marie Frischauf Teilnehmerin der 1. Frauen-
delegation im November 1927 in Moskau. Hierbei sorgte sie für
einiges Aufsehen, da sie gegen die Beschlüsse des 15. Parteitages und
den dabei vollzogenen Ausschluß Leo Trotzkis aus der KPdSU auftrat.

44 Bruno Frei: Der Papiersäbel. Frankfurt: Fischer 1972, 230–236, 261

45 Siehe zum Exil in Mexiko: Christian Kloyber: Österreichische
Autoren im mexikanischen Exil 1938–1945. Ein Beitrag zur antifa-
schistischen österreichsichen Exilliteratur. Wien: Diss. 1987. –
Ders.: Einige Bemerkungen zum Exil österreichischer Intellektueller
in Mexiko 1938 bis 1945. In: Friedrich Stadler (Hg.): Vertriebene
Vernunft. Emigration und Exil österreichischer Wissenschaft. Wien,
München: Jugend & Volk 1988. – Marcus G. Patka: Zu nahe der
Sonne. Deutsche Schriftsteller im Exil in Mexico. Berlin: Aufbau
1999. – (Demnächst erscheint: Österreicher im Exil. Mexiko
1938–1945. Hg. vom DÖW, bearbeitet von Christian Kloyber und
Marcus G. Patka.)

46 Demnächst erscheint meine biografische Studie zu Ernst Römer in ei-
nem von Prof. Hartmut Krones herausgegebenen Symposiumsband.

47 Lenka Reinerová: Was immer ich über Mexiko höre, berührt mich.
In: Mit der Ziehharmonika. Zeitschrift für Literatur des Exils und des
Widerstands 15 (1998) 1, 11

48 Marie Frischauf. In: Werner Röder/Herbert A. Strauss (Hg.): Bio-
graphisches Handbuch der deutschsprachigen Emigration nach
1933. München, New York, London, Paris: Saur 1980, 202

49 Maria Heim: Fasching in Wien. In: Austria Libre 3 (1944) 3, 5

50 Maria Heim: Sobre los Músicos Austriácos Modernos. Entrevista
con el Director Jascha Horenstein. In: Austria Libre 3 (1944) 6/7, 6. –

Maria Heim: Ferdinand Bruckner Aufführung. In: Austria Libre 3 (1944) 10, 5. – Marie Pappenheim: Jugend spricht zu Jugend. In: Austria Libre 3 (1944) 12, 6. – Marie Heim: Klassische und moderne Musik. In: Demokratische Post, 1.3. 1945, 3. – Marie Pappenheim: Gruß an zwei Dichter. Berthold Viertel. Egon Erwin Kisch. In: Austria Libre 4 (1945) 6, 6. – Marie Pappenheim: Bücher, die uns angehen. In: Austria Libre 5 (1946) 1/2, 6. – M. H.: Vortrag Egon Erwin Kisch. In: Austria Libre 5 (1946) 1/2, 7. – M. H.: Österreichische Musik in Mexiko. In: Austria Libre 5 (1946) 3, 5

51 Marie Pappenheim: Wie sie kämpften, wie sie starben … In: Austria Libre 4 (1945) 4/5, 10

52 Marie Pappenheim: La Bourboule, Puy du Dôme (und) Lager Gurs. In: Freies Deutschland 3 (1944) 9, 10. – Marie Frischauf: Aufwachen bei Nacht. In: Demokratische Post, 1.1 1.1944. – Marie Pappenheim: Nach diesem Kriege. In: Austria Libre 4 (1945) 4/5, 10. – Marie Pappenheim: Rückkehr. In: Austro American Tribune Sept. 1944, Nr. 2.

53 Marie Pappenheim: Una Historia Sobre el Heroismo Judío. In: Tribuna Israelita 1 (1945) 12, 26

54 Karl Kraus-Abend im Heine-Club. In: Austria Libre 4 (1945) 2, 7

55 Zum Tode von Dr. Hermann Frischauf. In: Demokratische Post, 1. 12. 1945, 4

56 Ludwig Renn: In Mexiko. Berlin: Aufbau 1979, 63, 104f.

57 Romane von Leo Katz. In: Österreichisches Tagebuch, 7.11. 1947

58 Als Emigrant in Wien. Eine Erinnerung von Dr. Marie Frischauf. In: Österreichische Volksstimme, 9.3. 1952. – Marie Frischauf: Warum ist Rotkäppchen in den Wald gegangen? Vom Märchenerzählen. In: Stimme der Frau, 3.10. 1953. – Marie Frischauf: Heimarbeit. In: Stimme der Frau, 30.5. 1963

59 Marie Frischauf: Im Kampf um den Frieden. Es geht um die Lebensfrage aller. In: Österreichische Zeitung, 3.5. 1950

60 Dr. Frischauf. „Ich begrüße die Berliner Beschlüsse des Weltfriedensrates". In: Österreichische Zeitung, 6.3. 1951. – Dr. Marie Frischauf. „Das Beispiel Koreas verpflichtet uns, für den Frieden zu kämpfen". In: Österreichische Zeitung, 22.6. 1951. – Dr. Marie Frischauf. „Wir Intellektuellen werden durch die Kriegsvorbereitungen schwer getroffen". In: Österreichische Zeitung, 3.10. 1951

61 Spiegel: Mitzi. Wie Anm. 2

62 Gespräch des Verfassers mit Prof. Friedrich Katz in Wien, 19.12. 1999. Siehe auch: Marie Frischauf gestorben. In: Volksstimme, 13.8. 1966

63 Ein österreichischer Zeitroman. In: Der Abend, 17.11. 1949. – Der graue Mann. In: Salzburger Tagblatt, 31.5. 1949

Dank für Rat und Tat

Frauke Binder
Hermann Böhm
Siglinde Bolbecher
Karin Breidel
Franz Eckert
Herbert Exenberger
Karl Fallend
Hans Frischauf
Eckardt Früh
Peter Goßens
Konstantin Kaiser
Friedrich Katz
Christian Kloyber
Herbert Koch
Leo Lensing
Karin Löffler
Heinz Lunzer
Christian Meyer
Karl Müller
Therese Muxeneder
Wolfgang Neugebauer
Erika Patka
Iris Pfeiffer
Elisabeth Pucher
Hans Schafranek
Sigurd Paul Scheichl
Gerhard Scheit
F. Werner Schembera-Teufenbach
Joyce Shintani
Wayne D. Shirley
Alfred Stalzer
Armin A. Wallas
Willi Weinert